Daphne Rose Kingma praktiziert seit fünfzehn Jahren als Eheberaterin und Therapeutin in Los Angeles und Santa Barbara. Sie hat schon vielerorts Vorlesungen gehalten und ist Gastgeberin einer amerikanischen Fernsehsendung über Psychologie. Sie erhielt zahlreiche Literaturpreise für ihre Lyrik und Kurzgeschichten.

Dieses Buch wurde auf chlor- und säurefreiem Papier gedruckt.

Deutsche Erstausgabe Oktober 1993

Titel der Originalausgabe »Coming Apart«

Originalverlag Conari Press, Berkeley
Umschlaggestaltung Graupner & Partner, München
Umschlagfoto Mel Digiacomo/The Image Bank
Satz Ventura Publisher im Verlag
Druck und Bindung Ebner Ulm
Printed in Germany
ISBN 3-426-84022-7

2 4 5 3 1

Daphne Rose Kingma

Die Zeit nach der Liebe

Wie man gescheiterte
Beziehungen bewältigt

Aus dem Amerikanischen
von Uta McKechneay

Knaur

Für Nancy,
die daran glaubte;
für Mary Jane,
die darauf drängte;
für Wink,
der mich dazu ermutigte
und für Leo,
der den schlagenden Beweis
dafür erbrachte

»Es ist schwer, sich plötzlich
von einer alten Liebe loszureißen;
es ist schwer,
und doch muß es zuweilen sein.«

Catull

Inhalt

Vorwort

Dieses Buch über die Trennung vom Lebensgefährten aufgrund des Scheiterns der Beziehung basiert auf meinen Erfahrungen aus fünfzehn Jahren Praxis als Eheberaterin. Im Laufe der Jahre bin ich zu der Erkenntnis gelangt, daß man sich zwar leicht verliebt, daß es aber oft Probleme aufwirft, die darauf folgende Beziehung zu durchleben und aufrechtzuerhalten. Liebe macht bekanntlich blind, wie es so schön heißt, und das muß wohl auch so sein. Wenn wir voraussehen könnten, wie unsere Erwartungen zu nichts zerrinnen, welchen Kummer und welche Enttäuschungen uns unsere Liebe und die freudig eingegangene Beziehung einbringen, so brächte wohl kaum jemand den Mut auf, sich voller Hingabe auf eine langfristige Beziehung einzulassen. Es wäre kaum ein Mensch so tollkühn und verwegen, dieses Risiko auf sich zu nehmen.

Allen Statistiken zum Trotz glauben wir aber immer noch daran, daß die Liebe unbedingt den Sieg davonträgt. Es stört uns nicht, daß laut Statistik jede zweite Ehe vor dem Scheidungsrichter endet, denn tief im Innern glauben wir es besser zu wissen, sind überzeugt von der Beständigkeit der Ehe. Auch Paaren, die unverheiratet zusammenleben, oder langjährigen Freundschaften billigen wir zu, daß sie von Bestand sind.

Als ich anfing, als Familientherapeutin und Eheberaterin zu praktizieren, ging ich davon aus, daß ich die Menschen, die sich hilfesuchend an mich wandten, in erster Linie darin unterweisen müßte, mit welchem Geschick und gefühlsmäßigen Aufwand man eine Liebesbeziehung pflegen muß, damit sie nicht in die Brüche geht. Ich dachte, ich müßte den Leuten beibringen, wie man miteinander redet, lacht und spielt, wie man sich ausspricht oder sich beklagt, wie man seine Freude ausdrückt oder seinen Zorn auslebt, wie man gemeinsam etwas unternimmt oder auch jeder für sich und wie man das Sexualleben gestaltet – kurz gesagt, wie man erreicht, daß die Beziehung funktioniert. Doch weit gefehlt.

In diesen fünfzehn Jahren haben nur wenige frischgebakkene Ehepaare oder Pärchen, die kurz vor der Hochzeit standen, meinen Rat gesucht. Anstatt dazu beitragen zu können, daß Beziehungen gepflegt, gekittet und aufrechterhalten werden, bin ich wiederholt hinzugezogen worden, wenn es darum ging, bei einer zum Scheitern verurteilten Beziehung zu retten, was noch zu retten war, oder das Schlußwort zu sprechen. Ich habe die Hilfesuchenden durch das verschlungene Labyrinth vielschichtiger emotioneller Stadien begleitet, die eine Trennung nach sich zieht, mit ihnen am Rande die ganze Palette durchlebt, angefangen bei dem furchtbaren Schock, auf den ein tiefer Schmerz, Kummer, Schuldgefühle und Wutanfälle folgen, bis sich die Betroffenen schließlich tief im Innern mit der Trennung abgefunden haben.

Dieses Buch basiert nicht etwa auf dem, was ich die Ratsuchenden gelehrt habe, sondern auf dem, was ich von ihnen gelernt habe. Sie haben mir bewiesen, daß das Scheitern einer Beziehung und die unausweichliche Trennung für die meisten Menschen – abgesehen vom Tod – die schmerzlichste Erfahrung ist, die man machen kann. Dabei spielt es kaum eine Rolle, ob es sich um eine konventionelle oder eine sehr fortschrittliche Beziehung handelt, und wie lange die Beziehung gehalten hat, ist auch nicht so wichtig. Ich habe miterlebt, wie die Ratsuchenden, die zu mir kamen, den oft sehr langwierigen Prozeß der Trennung durchleb-

ten und durchlitten, wie sie daran wuchsen, bis sie schließlich gereift daraus hervorgingen.
Immer wieder bin ich Zeuge davon geworden, wie das Selbstbewußtsein meiner Klienten auf dem Nullpunkt anlangte, wenn die Beziehung zum Partner gescheitert war, und durfte miterleben, daß sie sich nach geraumer Zeit in einem völlig neuen Licht sahen, beruflich nach neuen Ufern strebten, ihre verschüttete Kreativität wiederentdeckten, sich physisch wie der Phönix aus der Asche erhoben, schlechte Angewohnheiten ablegten und sich neue Dinge angewöhnten. Kurz gesagt, die Identitätskrise gereichte ihnen ganz eindeutig zum Vorteil.
Trotz dieses positiven Aspekts will ich natürlich keine Lanze für die Trennung brechen. Ich möchte vielmehr darauf hinweisen, daß es eben vorkommt, daß eine Beziehung scheitert, auch wenn wir das nicht wahrhaben wollen.
In meiner beratenden Funktion war es mir oft vergönnt, Zeugin solcher Trennungen zu sein. Deshalb möchte ich auch darauf hinweisen, daß eine Beziehung nicht nur Freude und Erfüllung verheißt, sondern daß auch das Scheitern und die Trennung ihr Gutes haben können – vorausgesetzt, wir sind bereit, uns zu ändern und daraus zu lernen.

Es ist mir sehr schwergefallen, dieses Buch in Angriff zu nehmen. Freunde, die mir wohlgesonnen sind, haben es schließlich geschafft, mich dazu zu verleiten. Mein Horror vor dem Schreiben dieses Buches ist unter anderem darauf zurückzuführen, daß mich das Wort ›Beziehung‹ schon immer angewidert hat.
Besonders in den letzten Jahren habe ich mich zunehmend daran gestört, als Wortschöpfungen wie ›Liebesbeziehung‹, ›Sinnvolle Beziehung‹, ›Karrierefördernde Beziehung‹, ›Monogame Beziehung‹ bzw. ›Zweierbeziehung‹ und ›Offe-

ne Beziehung‹ überall als Schlagwörter auftauchten und bald in aller Munde waren. Man wurde förmlich mit diesen Reizwörtern überflutet.
Da mir die Schönheit der Sprache viel bedeutet, kam es mir bald vor, als sei das Wort ›Beziehung‹ sinnentleert und abgegriffen. Auch als Wort an sich hat es mir nie sonderlich gefallen. Es klingt nicht besonders vielsagend und schon gar nicht poetisch, wenn man bedenkt, wieviel Liebe, Leidenschaft, Erregung, Kummer und Seelenqual das nüchterne Wort ›Beziehung‹ in sich birgt.
Wegen meiner Aversion gegen dieses Wort habe ich mich in den fünfzehn Jahren, die ich als Psychotherapeutin tätig war, immer heldenhaft darum bemüht, es entweder wegzulassen oder durch einen anderen Begriff zu ersetzen. So sind mir zum Beispiel für das Substantiv ›Beziehung‹ die Wörter ›Einheit‹, ›Verbindung‹, ›Paar‹, ›Herzensbündnis‹, ›Zusammenwachsen‹ und ›Partnerschaft‹ eingefallen. Ein entzückendes junges Pärchen hatte es mir so angetan, daß es mich zu der Wortschöpfung ›verliebte Küken‹ inspirierte. Da sich in einer Beziehung zwei Menschen stark zueinander hingezogen fühlen, prägte ich außerdem die Ersatzwörter ›Gemeinschaft‹, ›Vereinigung‹ oder auch ›Liebesfrühling‹.
Doch nach derlei Auswüchsen fand ich irgendwann reumütig wieder zu dem altbewährten Ausdruck ›Beziehung‹ zurück, denn trotz meiner Bestrebungen war mir kein anderes Wort, kein Satz, keine einzige Wortschöpfung eingefallen, die mit dem Ausdruck ›Beziehung‹ mithalten könnten, wie ich ihn interpretiere.
Je länger ich an diesem Buch saß, desto besser gefiel mir das Wort ›Beziehung‹, und ich konstatierte dankbar, daß es keinen anderen Begriff gibt, mit dem sich so wirksam, so anschaulich, allumfassend und würdevoll ausdrücken läßt,

welche Vielfalt von Gemeinschaften es im zwischenmenschlichen Bereich gibt.

Die Suche nach einem gleichwertigen Wort hat mich Demut gelehrt, und deshalb möchte ich auch Ihnen in aller Bescheidenheit das wunderschöne Wort ›Beziehung‹ ans Herz legen und empfehlen. Schöpft man es voll aus, so beschreibt es eine Lebensform, die die Einsamkeit vertreibt und die Lebensfreude steigert, die uns den Spiegel vorhält, uns tröstet, fördert und beglückt auf unserem phantastischen und komplizierten Lebensweg.

Einführung

Das Scheitern einer Beziehung ist so schmerzlich und macht den Menschen so zu schaffen, daß sich fast jeder fragt, wie er das überleben soll. Alles erscheint einem grau und hoffnungslos, Verzweiflung übermannt die Liebenden. Sie fühlen sich unzulänglich und der Lage keineswegs gewachsen, fühlen sich einsam und kommen sich verloren vor. Das Selbstwertgefühl eines Verlassenen sinkt auf den Nullpunkt. Zu allem Überfluß fragt das arme Opfer sich auch noch besorgt, was die Eltern und Geschwister zu der Trennung sagen werden, was die Nachbarn davon halten. Ist eine Beziehung eindeutig gescheitert, hegt man Schuldgefühle den Kindern gegenüber, traut sich kaum mehr aus dem Haus, macht sich Sorgen um die Zukunft und weiß nicht, wie es weitergehen soll. Am schwersten wiegt jedoch, daß man mit sich selbst nicht mehr im reinen ist. Wir werden ja durch eine Trennung nicht nur aus unserer gewohnten Umgebung und aus allem herausgerissen, was uns lieb und teuer ist, sondern wir wissen auch gar nicht mehr, wer wir eigentlich sind und woran wir uns noch halten sollen. Was bisher Geltung hatte, gilt nicht mehr. Wir fühlen uns entwurzelt, sind zutiefst verstört.

Doch gerade zu einer Zeit, wo wir nicht mehr durchblicken und keine Perspektive sehen, wo wir uns sagen sollten, daß wir nicht allein am Scheitern der Beziehung schuld sind, sondern daß es dafür auch noch andere Gründe gibt – gerade zu diesem Zeitpunkt sind wir oft geneigt, die ganze Schuld auf uns zu nehmen. Es ist ein ganz natürlicher Vorgang, daß die Betroffenen dazu neigen, das Scheitern der Beziehung auf ihr persönliches Versagen zurückzuführen.

Infolgedessen machen die Betroffenen oft eine verheerende Krise durch, was ihre Selbstachtung betrifft. Deshalb muß unbedingt einmal klargestellt werden, daß auch noch andere Faktoren eine Rolle spielen, wenn eine Beziehung in die Brüche geht.

Das Scheitern einer Beziehung sollte man nicht für persönliches Versagen halten. Dafür gibt es immer legitime, durchaus verständliche Gründe, die vom Wesen und vom Verlauf der Beziehung abhängen. Die Beziehung zu anderen Menschen, vor allem aber zum Partner, prägt unsere eigene Identität. Neben einem Partner sehen wir uns in einem deutlicheren Licht. Das gelingt uns vielleicht erst nach mehreren Beziehungen, also müssen wir uns im Lauf unseres Lebens von dem einen oder anderen Partner wieder trennen.

Eine Beziehung ist ein Vorgang, ein Prozeß. Es gibt jedoch keine Garantie dafür, daß man sein Ziel erreicht. Gehen zwei Menschen eine Beziehung ein, so ist durchaus nicht gesagt, daß sie emotionell endgültig zur Ruhe kommen. Eine Beziehung ist ein überaus wichtiger Lebensabschnitt, der große Macht über uns gewinnen kann, der jedoch ein Eigenleben und eine bestimmte Lebensdauer hat.

Wir denken zwar nicht groß darüber nach, doch haben wir vor allem den Mythos von der ›immerwährenden Liebe‹ tief in uns eingesogen. Die Popmusik und die Literatur bestätigen uns das ständig, doch auch abgesehen von dieser ermutigenden Zusicherung neigen wir dazu, Beziehungen als dauerhaft zu betrachten und uns darauf zu verlassen, daß eine Partnerschaft, auf die wir uns einmal eingelassen haben, nie mehr auseinandergeht.

Trotzdem gehen immer mehr Beziehungen in die Brüche. Jede zweite Ehe wird geschieden, und zahllose eheähnliche

Beziehungen scheitern, ganz gleich, ob sie von kurzer oder von langer Dauer waren. Diese niederschmetternde Erkenntnis beweist, daß die Liebe nicht unbedingt Bestand hat. Trotzdem gehen wir hart mit uns ins Gericht, wenn die Beziehung zu unserem Partner in die Brüche geht, weil wir uns an den Mythos von der ›immerwährenden Liebe‹ klammern.

In Wahrheit verhält es sich jedoch so, daß sich dieser Mythos zwar in unseren Herzen eingenistet hat, daß unsere Beziehungen jedoch zahlreiche Stadien und Wandlungen durchlaufen, die wir gedanklich nicht nachvollziehen können oder wollen. Infolgedessen empfinden viele Menschen die Trennung als einen Alptraum. Wütend und schuldbewußt versuchen sie dagegen anzugehen. Ihre Selbstzerfleischung kennt kaum Grenzen, und von ihrer Selbstachtung bleibt nicht mehr viel übrig. Sie rebellieren gegen die Trennung und verkraften sie nicht.

Es ist anscheinend leicht, sich zu verlieben. Darauf versteht sich jeder. Da gibt es eine ganze Reihe von allgemeingültigen Verhaltensregeln. Es ist uns jedoch nach wie vor ein Rätsel, was sich in einer Beziehung tatsächlich abspielt, und wie man wieder auseinandergeht, das wissen wir erst recht nicht. Selbst die Betroffenen können uns keine erschöpfende Auskunft darüber geben, wie man die schmerzliche Trennung vom Partner verkraftet und überlebt. Natürlich wissen wir, daß man so ein einschneidendes Ereignis im allgemeinen überlebt, daß kaum jemand nach einer Trennung vor Kummer stirbt oder in der Irrenanstalt landet. Wahrscheinlich sind uns unter den ›Überlebenden‹ sogar Männer und Frauen bekannt, die eine Wandlung durchgemacht haben und nach einer Scheidung bzw. dem Scheitern der Beziehung glücklich und erleichtert sind. Wir wissen jedoch kaum etwas darüber, wie sie diese schreckli-

che Erfahrung verkraftet und nutzbringend verarbeitet haben.
Eine Trennung gestaltet sich unter anderem auch aus diesem Grund so schwierig. Wir wissen einfach nicht, *wie* wir die Trennung vollziehen sollen. Ständig müssen wir mit ansehen, wie die Menschen unter dem Scheitern ihrer Beziehungen leiden. Vielleicht haben wir das sogar selbst schon ein- oder zweimal durchgemacht, und immer wieder haben wir erleben müssen, daß es furchtbar wehtut, daß die Menschen in ihrer Qual förmlich die Wände hochgehen. Durch eine Trennung ist das Leben radikalen Umwälzungen unterworfen. Im allgemeinen beobachten wir, daß das Ende einer Beziehung etwas Erschreckendes hat, und deshalb fällt es uns so schwer, die längst überfällige Trennung von unserem Partner zu vollziehen. Zuweilen haben wir sogar Angst davor, uns auch nur einzugestehen, daß wir uns besser von unserem Partner trennen würden. Wir schrecken vor der Trennung zurück, weil wir nicht wissen, wie wir sie verkraften sollen.
Im Zusammenhang mit einer Trennung machen uns die Seelenqualen am meisten angst. Wir wissen nicht genau, was uns bevorsteht und fragen uns besorgt, ob wir uns von dem Schmerz je wieder erholen werden. Die meisten Menschen hegen den Verdacht, daß das Scheitern einer Beziehung eine Woge von nie gekannten Gefühlen in ihnen auslöst, die sie einfach überflutet. Wenn wir die Möglichkeit einer Trennung auch nur in Erwägung ziehen, so geraten wir schon in einen erschreckenden Sog, und das bestärkt uns in der Überzeugung, daß uns eine Trennung gefühlsmäßig überfordern würde, daß sie entschieden über unsere Kraft ginge. Die Angst davor lähmt uns regelrecht, und selbst wenn uns eine Wahrsagerin versichern würde, daß wir in fünfundzwanzig Jahren noch genauso unglück-

lich wären wie jetzt, könnten wir uns vermutlich trotzdem nicht zu einer Trennung durchringen. Die meisten Menschen würden lieber sonstwas auf sich nehmen, als den Trennungsschmerz zu durchleben, also auch ihre erbarmungswürdige, geisttötende, um nicht zu sagen menschenunwürdige Beziehung aufrechterhalten.

Entschließt sich aber jemand doch zur Trennung, so nagt oft die Angst an ihm, er könne nie wieder lieben oder werde nie wieder geliebt werden. Das ist allerdings ein erschreckender Gedanke, doch ich habe die Erfahrung gemacht, daß diese Angst zumeist unbegründet ist. Die meisten meiner Klienten, die die Trennung von ihrem Partner vollzogen haben, sind im Anschluß daran eine weit befriedigendere Partnerschaft eingegangen. Das liegt daran, daß sie bereit waren, aus ihren Fehlern zu lernen und es beim nächsten Mal besser zu machen.

Ich habe Hunderten von Menschen dabei geholfen, die Trennung vom Partner zu verkraften – und zwar sowohl Menschen, die die Trennung selbst herbeigeführt haben, als auch solchen, die sich dagegen zur Wehr gesetzt haben, und natürlich auch Paaren, die sich darüber einig waren, daß eine Trennung unumgänglich ist. Wenn man sich jedoch an der Hand nehmen läßt, um die Stadien der Trennung behutsam zu durchschreiten, spielt es eigentlich keine Rolle, ob man die Trennung selbst vollzieht oder ob man verlassen worden ist. Man muß sich seinen Gefühlen stellen, um eine neue und befriedigendere Partnerschaft eingehen zu können.

Mit Hilfe dieses Buches möchte ich im übertragenen Sinne denjenigen die Hand reichen, die von Trennungsängsten gebeutelt werden oder schon dabei sind, die Trennung zu vollziehen, und infolgedessen mit all den komplexen, furchterregenden und nie gekannten Gefühlen konfrontiert werden, die die Trennung vom Partner mit sich bringt. Wenn Sie sich nicht sicher sind, ob Ihre Beziehung zum Scheitern verurteilt ist und es ratsam wäre, sich zu trennen, lesen Sie zuerst den letzten Abschnitt dieses Buches, in dem ich Diagnosen stelle. Ich mache dem Leser klar, daß eine Trennung oft legitim ist, und nenne natürlich auch die Gründe. Ich begleite den Leser durch die üblichen emotionalen Stadien, die er während einer Trennung durchmacht. Ich leiste sozusagen Erste Hilfe, damit der Leser die Trennung auch ganz bestimmt verkraftet, und so hoffe ich, daß unter Zuhilfenahme dieses Buches alles gutgeht und der Leser die Trennung übersteht, ohne seine Selbstachtung einzubüßen.

1. Kapitel

Warum ist es so schwer, die Trennung zu vollziehen?

Wenn eine Liebesbeziehung in die Brüche geht, so ist das – abgesehen vom Tod eines geliebten Menschen – die schmerzlichste Erfahrung, die man machen kann. Wenn wir uns selbst mit dem Ende einer Beziehung konfrontiert sehen, trifft uns das wie ein Blitz aus heiterem Himmel. Da hilft es auch nicht, daß wir uns die Scheidungsstatistiken vor Augen halten, und es nutzt uns wenig, daß wir schon öfter miterlebt haben, wie sich andere Leute trennten oder scheiden ließen. Das Auseinandergehen ist trotz alledem ein Schock. Wir rechnen einfach nicht damit, daß uns selbst auch passieren kann, was andere Schreckliches erleben, denn wir reden uns gern ein, daß immer nur andere Menschen todkrank sind oder sterben. In einer Liebesbeziehung fühlen wir uns sicher und geborgen. Deshalb liegt uns unendlich viel daran, daß die Liebe ›ewig währt‹ und unser Lebensinhalt ist und bleibt. Deshalb fällt es uns so schwer, die Trennung zu vollziehen.

Urängste

In einer Liebesbeziehung fällt es uns entschieden leichter als unter anderen Lebensumständen, die grundlegenden Existenzfragen zu beantworten: »Warum lebe ich nicht ewig?«, »Worin besteht der Sinn des Lebens?« oder »Wie soll ich mein Leben gestalten?« Oft liefert uns die Beziehung die Antwort auf diese Fragen. So kann die Antwort auf die Frage: »Warum lebe ich nicht ewig?« lauten: »Das spielt keine Rolle mehr, wenn du mich liebst.« Den Sinn des Lebens sehen wir in der Liebe. Und die Frage: »Wie soll ich mein Leben gestalten?« beantworten wir oft so: »Ich will meinen Mann (bzw. meine Frau) lieben, bis daß der Tod uns scheidet.«

Wir sind unter anderem ständig damit beschäftigt, uns an den Gedanken zu gewöhnen, daß wir nicht ewig leben, daß unser Leben irgendwann mit dem Tod endet, und das macht uns sehr zu schaffen. Deshalb kämpfen wir unser Leben lang um Beständigkeit. Wir klammern uns an die Illusion, daß es konstante Dinge gibt, auf die wir bauen können. Der Tod erscheint uns als tiefer unüberbrückbarer Abgrund, und wir versuchen, uns gegen ihn zu wappnen, indem wir eine Liebesbeziehung eingehen und den Menschen nicht von der Seite weichen, von denen und zu denen wir sagen können: »Ich weiß, daß du für immer bei mir bleibst und mich nie im Stich läßt.« Der Gedanke an den Tod hat etwas so Bedrohliches, daß wir den größten Wert darauf legen, uns in der Illusion zu wiegen, daß es etwas Beständiges und Dauerhaftes gibt. Von unseren Beziehungen versprechen wir uns in erster Linie, daß sie Bestand haben.

Wir bauen von Kindesbeinen an darauf, daß unsere Beziehungen von Dauer sind, denn die meisten Menschen hat das die unverbrüchliche Beziehung zu ihren Eltern schon gelehrt. Unsere Eltern waren da, seit wir denken können, und ein untrügliches Gefühl sagt uns, daß sie auch schon vorher für uns da waren. Sie waren da, als wir zum ersten Mal die Augen aufschlugen, und auch als wir den Mund aufmachten, weil wir Hunger hatten. Sie erlebten mit, wie wir nach und nach die ersten eigenständigen Gedanken entwickelten. Von Anfang an haben sie unser Leben mit uns geteilt. Deshalb haben wir uns irgendwann gesagt, daß es auch so weitergehen wird und wir uns darauf verlassen können, daß sie bei uns bleiben. Die Beziehung zu den Eltern betrachten wir von einem bestimmten Zeitpunkt an als dauerhaft, und irgendwann gelangen wir zu der Überzeugung, daß sich daran bis in alle Ewigkeit nichts ändern wird. Dieser Gedanke verleiht Kindern ein Gefühl der Sicherheit.

Für die meisten Menschen lag in dieser Kindheitserfahrung etwas ungeheuer Tröstliches, das ihnen ein wohliges Gefühl verlieh. Obwohl wir als Erwachsene natürlich wissen, daß dieses Gefühl der Sicherheit nur eine Illusion war, wollen wir diese Erfahrung auch als Erwachsene wieder machen. Deshalb gehen wir Beziehungen ein, von denen wir uns die gleiche stabilisierende Wirkung erhoffen. Unter dem beständigen Schutz unserer Liebsten, unserer Ehemänner bzw. Ehefrauen, fühlen wir uns wieder sicher. Das zeigt sich in besonders starkem Maße bei Menschen, denen die Eltern in der Kindheit keine Geborgenheit vermitteln konnten. Solche Menschen sehnen sich auch als Erwachsene noch verzweifelt nach Geborgenheit, weil sie ihnen versagt geblieben ist.

Daß wir alles daransetzen, unsere frühkindlichen Erfahrungen auch als Erwachsene wieder zu durchleben, liegt unter anderem daran, daß es in unserem Kulturkreis nur zwei Arten von zwischenmenschlichen Beziehungen gibt, die wir für legitim halten: das Leben des Kindes im Kreis der Familie und das Verhältnis des Erwachsenen zu seinem Ehepartner. Natürlich gibt es heutzutage noch eine ganze Reihe anderer Möglichkeiten. Man kann ganz bewußt ein Single-Dasein führen, kann das Zimmer mit einem Mitbewohner teilen oder mit Freunden in einer Wohngemeinschaft leben. Doch im Grunde unseres Wesens halten wir diese Lebensformen nach wie vor für einen armseligen Ersatz, für eine Notlösung. Das einzig Wahre ist in unseren Augen die Zweierbeziehung, eine Partnerschaft, die sich von der Intensität her nur mit unserer Kindheitserfahrung messen kann.

Als Kinder lebten wir im Schoß der Familie, gehörten zu unseren Eltern und waren auf sie fixiert. Für Erwachsene beginnt ein Lebensabschnitt, in dem sie selbst bestimmen, mit wem sie ihr Leben teilen wollen. Sie hoffen, daß sie sich in dieser selbstgewählten Partnerschaft so sicher und geborgen fühlen können wie als Kinder. Wenn die Beziehungen Erwachsener in die Brüche gehen, verlieren die Betroffenen den Boden unter den Füßen, sie fühlen sich einsam und von allem losgelöst. Wenn es bei Erwachsenen zur Trennung vom Partner kommt, haben sie das Gefühl, aus allem herausgerissen zu werden. Die einzige Gemeinschaft und der einzige Zusammenhalt, auf die Erwachsene ein Anrecht zu haben glauben, entfallen. Die Trennung beraubt sie des sicheren Hafens, in den sie sich geflüchtet hatten, was sich emotionell verheerend auswirkt.

Mythos Liebe

Die Trennung vom Lebensgefährten ist auch deshalb so schmerzlich, weil sich im Zusammenhang mit der Liebe noch immer Mythen halten, die sich schon vor langer Zeit eingebürgert haben. Da heißt es, Liebe und Ehe müßten so und so beschaffen sein. Unsere Auffassung von Liebe ist jedoch nicht mehr zeitgemäß. Sie hat mit der Realität kaum etwas zu tun und entspricht nicht dem, was sich tatsächlich abspielt. Diese Widersprüchlichkeit tritt offen zutage, wenn

Beziehungen in die Brüche gehen. Für mich birgt diese unzeitgemäße Einstellung zur Liebe Mythen, die hoffnungslos veraltet sind.

Die Liebe währet ewiglich

In erster Linie glauben wir felsenfest daran, daß die Liebe niemals aufhört und daß die Beziehung, die wir eingehen, bis zum Ende unseres Lebens hält. Mit dem offiziellen Ehegelöbnis »Bis daß der Tod uns scheidet« verleihen wir diesem Mythos feierlich Ausdruck. Wir sagen nicht: »Ich will dich lieben, solange es mir Freude macht« und auch nicht: »Ich will dich lieben, bis ich einen anderen Partner finde«, sondern wir geloben: »Ich will dich immer und ewig lieben und mit dir zusammenleben bis ans Ende meiner Tage.« Wir erwarten von demjenigen, den wir uns als Partner auserkoren haben, daß er bis an unser Lebensende mit uns zusammenlebt.

Unter dieser Voraussetzung ist es besonders schwer, die Trennung zu vollziehen, denn mit dem Abbruch der Beziehung negieren wir den Mythos des Immerwährenden. Unser Verhalten steht in krassem Widerspruch zu der Überzeugung, daß die Beziehung bis ans Lebensende hält. Wir erfahren am eigenen Leib, daß sie nicht fürs Leben war, sondern nur eine Episode.

Fast alle Menschen vertrauen auf den Mythos des Immerwährenden. Daher geraten sie ins Grübeln, wenn es zur Trennung kommt, und sagen sich: »Wahrscheinlich tauge ich nichts. Mit mir stimmt irgend etwas nicht. Ich bin diese Beziehung eingegangen in dem festen Glauben, daß sie halten wird, und doch trennen wir uns jetzt. Trotzdem ist die Auffassung bestimmt nicht falsch, daß die Liebe ewig währt – es kann also nur an mir liegen.« So quält man sich mit Selbstvorwürfen, und die Selbstzerfleischung hält eine ganze Weile an, weil man sich nicht vorstellen kann, daß die Auffassung von der immerwährenden Liebe möglicherweise falsch ist. Und doch ist es so. In unserem Kulturkreis gibt es wohl kaum einen Menschen, der nicht schon eine Scheidung miterlebt oder das tragische Ende einer Liebesbeziehung bei anderen mitangesehen hat. Es kommt eben vor, daß Beziehungen in die Brüche gehen, daran ist nun einmal nicht zu rütteln. Allmählich wird es Zeit, den Mythos von der immerwährenden Liebe zu entlarven, damit bei der Trennung vom Lebensgefährten niemand mehr mit seiner Selbstachtung Schiffbruch erleidet.

Der Ausschließlichkeitsanspruch

Zu den überholten Mythen gehört auch die Auffassung, daß solche Beziehungen allen Wünschen gerecht werden. Bei einer Beziehung geht man meistens davon aus, daß der Partner alle Bedürfnisse befriedigt. Daß wir mit anderen Worten in Zukunft nur noch mit diesem einen Menschen, den wir lieben, ins Kino, essen oder in die Kirche gehen, daß wir nur noch mit ihm über den Ärger im Büro und unsere Rückenschmerzen reden. Der Partner soll nur wissen, was uns quält, ihm wollen wir unsere Last aufbürden.

Wer sich auf eine Partnerschaft einläßt, sagt sich nicht etwa: »Also, dieser Partner paßt im Bett hervorragend zu mir, mit dem verbringe ich die Wochenenden. In geistiger Hinsicht hat mir aber meine Freundin Sally mehr zu bieten, und mit Stan mache ich auch weiter in Kultur.« Wer eine langfristige Beziehung eingeht, nimmt im allgemeinen an, daß der Partner, den er liebt, all seinen Bedürfnissen gerecht wird – jedenfalls im großen und ganzen. Vom Lebensgefährten wird erwartet, daß er den Bedürfnissen zu 95% gerecht wird, dann fallen die übrigen 5% nicht mehr ins Gewicht. Wir gehen davon aus, daß der Partner, den wir lieben, uns Gesellschaft leistet und unterhaltsam ist, daß er uns sowohl intellektuell als auch emotionell Anregungen bietet, uns tröstet und uns sexuell zufriedenstellt, daß er bzw. sie unser ein und alles ist. Für uns schließt so eine Beziehung alles andere aus. Vom Partner erwarten wir, daß er sich uns keinesfalls entzieht, daß er sich uns ganz widmet und immer für uns da ist. Wir wenden uns mit allem an den Partner und immer seltener an andere. Nach und nach erwarten wir vom Partner, daß er all unseren Bedürfnissen gerecht wird – er, der Mittelpunkt unseres Lebens, um den sich alles dreht.

Aber gerade weil wir so ungeheuer große Hoffnungen auf die Beziehung setzen und sie uns als das Alleinseligmachende erscheint, gerade aufgrund dieses Ausschließlichkeitsanspruches sind wir völlig am Boden zerstört, wenn die Beziehung scheitert. Mit wem sollen wir in Zukunft die Wochenenden verbringen? Darauf läuft es im Endeffekt hinaus. Wie sollen wir in Zukunft all unsere Bedürfnisse befriedigen? Wir brauchen Sex, möchten Gespräche führen können, brauchen finanzielle Unterstützung, jeden Tag Gesellschaft und vor allem etwas Beständiges, worauf wir uns verlassen können. Woran sollen wir uns jetzt noch halten? Wer soll in die Rolle des so überaus brauchbaren und geschickten Hansdampfs in allen Gassen schlüpfen, zu dem unser Partner im Laufe der Zeit geworden war, denn das konnte gar nicht ausbleiben.

Die breitgefächerte Skala der Bedürfnisse, die unser Partner so wirksam und mit solchem Zartgefühl befriedigt hatte, liegt jetzt brach. Darum kümmert sich jetzt niemand mehr. Unsere Einsamkeit hat etwas Lähmendes. Wir raffen uns allenfalls zu der Frage auf: »Wer leistet mir jetzt Gesellschaft?« Das wirklich Schlimme aber ist, daß wir jetzt scheinbar von einem Augenblick zum anderen lernen müssen, unseren Bedürfnissen irgendwie auf andere Weise gerecht zu werden. Da bieten sich uns zahlreiche Möglichkeiten, doch es ist nicht leicht. Ironischerweise sind sowohl der Mythos von der immerwährenden Liebe als auch der Ausschließlichkeitsanspruch zu einer Zeit entstanden, als die Menschen nur halb so alt wurden wie heute. Wenn damals jemand sagte: »Ich werde dich immer lieben«, konnte das zwei oder vielleicht auch zehn Jahre bedeuten, es bezog sich aber kaum je auf vierzig, fünfzig oder sogar sechzig Ehejahre, was heute zumindest theoretisch möglich ist. Doch selbst früher hatten die Menschen zuweilen mehrere Beziehungen. Bei der Eheschließung konnten sie leicht geloben: »Bis daß der Tod uns scheidet«, denn oft raffte der Tod den Ehepartner schon sehr bald dahin, und der überlebende Ehepartner heiratete noch einmal. Die Beziehungen scheiterten im allgemeinen nicht, sondern wurden durch äußere Einflüsse oft ganz abrupt beendet. Da brauchte man sich nicht zu fragen: »War ich ein schlechter Mensch?«, »Habe ich versagt?« oder »Liegt es an mir, daß diese Beziehung gescheitert ist?« Man brauchte sich das alles nicht zu fragen, denn die Beziehungen endeten zumeist mit dem Tod des einen Partners, und darauf hatte man ja keinen Einfluß.

Wenn wir diese Mythen aber jetzt auf uns selbst anwenden, haben sie den immer gleichen psychologischen Effekt: Um unsere Selbstachtung ist es schlecht bestellt, weil es uns nicht gelingt, Beziehungen so zu gestalten, daß sie diesen Mythen entsprechen.

Unsere Beziehungen gestalten sich zumeist ganz anders als das Ideal, das uns gemeinhin vorschwebt. Die negativen Auswirkungen auf die eigene Person sind jedoch nicht immer so negativ gewesen. Früher mußte der Kontinent gezähmt und urbar gemacht werden, und das ließ sich am besten in Gruppen bewerkstelligen. Diese Gruppen entstanden dadurch, daß sich zwei Menschen ineinander verliebten oder aus Vernunftgründen heirateten und Kinder bekamen. Diese ganze Familie löste die anfallenden Aufgaben dann gemeinsam.

Die Menschen waren damals so bitterarm und mußten so schwer arbeiten, daß es ihnen ausschließlich ums nackte Überleben ging. Andere Gedanken machten sie sich nicht. Der Sinn und Zweck einer Beziehung lag vor allem darin, wirtschaftliche Sicherheit anzustreben. Die Mitglieder der Gruppe wollten irgendwann einmal bequemer leben können. Sie träumten von einem leichteren Leben, und darauf arbeiteten sie gemeinsam hin. Hatte man sich erst einmal einen Partner ausgesucht, sorgte man dafür, daß man sich auch mit ihm vertrug. Man fragte sich erst gar nicht, ob die Beziehung den Erwartungen entsprach oder ob man glücklich war.

Inzwischen haben wir jedoch ganz andere Vorstellungen vom Zusammenleben. Eine Partnerschaft ist jetzt keine reine Zweckgemeinschaft mehr, denn wir gehen ja nicht mehr auf Eroberungszüge und brauchen das Land nicht mehr urbar zu machen. Heute geht es vielmehr darum, Kriege zu verhindern und Umweltschäden zu vermeiden. Wir sind an einem Punkt angelangt, an dem sich unsere ganze Aufmerksamkeit auf das Innenleben richtet. Wir fragen uns,

wer wir eigentlich sind und worin der Sinn unseres Lebens besteht.
Früher mußten sich die Partner den Erfordernissen unterordnen, denn die Arbeit stand an erster Stelle, und man hatte sich ein gemeinsames Ziel gesetzt. Heute geht es nicht mehr ums nackte Überleben. Daher dürfen wir uns den Luxus leisten, uns auf einer höheren Ebene mit emotionellen, spirituellen und ästhetischen Fragen zu befassen. Und zwar in der Zweierbeziehung, in der Begegnung und dem Zusammenleben mit dem Partner, denn ein engeres Beisammensein und eine größere Herausforderung kann man sich kaum vorstellen. Um das zu erreichen, haben wir einen weiten Weg zurückgelegt.
Trotz der großen Bedeutung, die die ›Ich-Generation‹ inzwischen hat, fällt es uns schwer, uns einzugestehen, wie sehr uns die eigene Person am Herzen liegt und daß es uns in erster Linie um die eigene Weiterentwicklung geht. Wir gehen Beziehungen vor allem deshalb ein, weil es uns um die Selbstverwirklichung geht. Wir wollen wissen, wer wir sind, wollen unser Ego hegen und pflegen und zusehen, daß wir nicht stehenbleiben. Wir bekennen uns jedoch nicht offen dazu, denn dann müßten wir uns ja für selbstsüchtig und egoistisch halten. Wir möchten uns gern sagen können, daß es uns nicht so sehr um uns selbst, sondern vor allem um die Gemeinschaft geht. Und daß wir uns mit unserem Partner nicht nur eingelassen haben, weil das für uns von Vorteil ist und uns die Beziehung ganz persönlich sehr viel bringt. Das wäre nicht mehr vertretbar, würde uns nicht gerade zur Ehre gereichen und stände in krassem Widerspruch zu unseren romantischen Vorstellungen von der Liebe. Wir sind doch schließlich nicht gefühllos. Deshalb können wir auch nicht glauben, daß wir uns verlieben, um davon zu profitieren.

Wenigstens die Liebe wollen wir fern vom rauhen Alltag als ein Mysterium und einen Hort des Zaubers oder Verzaubertseins sehen. Wenn wir an die Liebe denken, wollen wir uns sagen können, daß die Romantik noch nicht ausgestorben ist. Natürlich wird die Liebe tatsächlich unserer Sehnsucht nach Verzauberung gerecht. Sie *ist* romantisch und ein Mysterium. Das ändert jedoch nichts an der Tatsache, daß wir uns ausnahmslos aus ganz bestimmten Gründen auf Beziehungen einlassen, ob wir das wahrhaben wollen oder nicht.

Trotz unseres heutigen Entwicklungsstandes und unserer Zivilisation kommen den Beziehungen noch immer bestimmte Aufgaben zu. Wenn man sich verliebt, verliebt man sich in einen Menschen, der einen weiterbringt. Oft ist es uns gar nicht bewußt, daß wir den Partner brauchen, um unsere Ausbildung abzuschließen oder um eine Familie zu gründen. Vielleicht sehnen wir uns aber auch nur nach Geborgenheit. Bewußt und unbewußt erwarten wir jedoch etwas von unserem Partner.

Ich möchte wahrhaftig nicht dafür plädieren, daß man sich verlieben soll, ohne sich verzaubern zu lassen und die Liebe als romantisches Mysterium zu betrachten. Es steht jedoch fest, daß wir aus der Trennung kein Mysterium machen dürfen, wozu es kommen kann, wenn die Liebe erstorben ist. Wenn eine Beziehung in die Brüche geht, sollte man die rosarote Brille abnehmen und sich fragen: »Was hat sich da abgespielt?« oder »Was hat uns eigentlich verbunden?« Wir müssen uns unbedingt darüber klarwerden, was schiefgelaufen ist, damit wir uns nicht schuldig fühlen, denn wir wollen doch aus der Erfahrung lernen, um uns noch einmal zu verlieben.

Ich habe Hunderten von Leuten beigestanden, die lernen mußten, die Trennung zu verkraften. Wir können den

Trennungsschmerz nur überwinden, wenn wir uns wenigstens im nachhinein darüber klarwerden, welche Ziele wir uns gesetzt hatten und inwiefern uns die Beziehung weitergebracht hat. Wieviel Glück war uns beschieden? Erst wenn wir uns dessen bewußt sind, können wir das Ende, das Scheitern der Beziehung akzeptieren, ohne unsere Selbstachtung einzubüßen.

2. Kapitel

Entlarvung der Liebesmythen: Die wahren Gründe für Beziehungen

John und Deborah verliebten sich mit Ende zwanzig ineinander. Beide hatten schon Beziehungen gehabt, die jugendlicher Schwärmerei entsprangen, jetzt waren sie jedoch auf eine feste Bindung aus. John hatte das College ein paar Jahre zuvor abgeschlossen und arbeitete als Banktrainee. Deborah stand kurz vor dem Collegeabschluß.
Sie hatten gemeinsame Freunde. Deborah fühlte sich aufgrund von Johns Verläßlichkeit zu ihm hingezogen. »Er hat Ruhe ausgestrahlt, und das war mir ein Trost«, erklärte sie. John hingegen wußte Deborahs Lebhaftigkeit und Zärtlichkeit zu schätzen. »Sie hat mich förmlich angebetet.« Deborah wagte den ersten zaghaften Schritt. »Ich habe ihn einfach angerufen und ihn um ein Rendezvous gebeten«, gab sie zu. Sie verabredeten sich immer häufiger, machten Ausflüge und fanden immer größeren Gefallen aneinander. Sie nahmen sich vor, zusammenzubleiben. Da sie sich hervorragend verstanden, sollte das auch so bleiben, und zwar ihr Leben lang. Nachdem sie über ein Jahr herrlich und in Freuden zusammengelebt hatten, beschlossen sie zu heiraten.

Als sich Neil und Marie ineinander verliebten, sahen alle das vollkommene Paar in ihnen. Neil war 1,93 m groß und wahrhaftig nicht zu übersehen. Marie war eine strahlend schöne gertenschlanke Blondine. »Bei mir war es Liebe auf

den ersten Blick«, gab Marie an. »Er war genau mein Typ, schon erwachsen, sehr tüchtig, und er sah phantastisch aus. In allem entsprach er genau dem Partner, den ich mir immer gewünscht hatte, und als er sich dann auch für mich entschied, war ich überglücklich.
Wir waren nicht nur oberflächlich voneinander angetan, sondern hatten wirklich viel gemeinsam. Wir waren beide schon berufstätig und etabliert. Doch er war mir trotzdem ein paar Schritte voraus und konnte mir behilflich sein, indem er mich beriet. Er war mein Idol und mein Kollege, mein absolutes Ideal. Ich hielt mich für die glücklichste Frau auf der Welt. Nach einem halben Jahr haben wir geheiratet.«
Liebesgeschichten laufen meistens nach einem ganz bestimmten Schema ab: Er und sie verliebten sich ineinander, sie wurden ein Paar und lebten glücklich bis an ihr seliges Ende. Für uns gehört zur Liebe, daß sie zur Ehe führt. Auch das ist ein Aspekt des Mythos Liebe: Man tritt vor den Traualtar und festigt die Beziehung. Wir halten die Eheschließung für das Ziel. Die Liebe führt in unseren Augen zu einer festen Bindung, und dann geht alles wie von selbst. Es geht so weiter bis in alle Ewigkeit. Wir sind davon überzeugt, daß die hehren, überschwenglichen Gefühle, die in uns stecken, nicht nur dazu geführt haben, daß wir uns verlieben, sondern daß dadurch auch all das Gute in uns bewirkt wird, damit unsere Beziehung nicht leidet. Die Liebe wird schon alle Schwierigkeiten überwinden, was soll uns da noch passieren? Wir neigen zu der Ansicht, daß in einer Beziehung die Liebe das Sagen hat und rechnen damit, wunschlos glücklich zu werden, und zwar auf Lebenszeit.
Doch dieses Buch beweist, daß die Ehe größere Anforderungen an die Partner stellt, als man gemeinhin annimmt,

und daß es mit der Eheschließung nicht getan ist. Im Haus der Liebe geht es oft hoch her, da spielt sich so manches ab, und Beziehungen sind nicht unbedingt das Endziel, sondern oft nur Meilensteine auf dem Weg durchs Leben.
Wenn man sich in einer Beziehung aber im Endeffekt doch nicht darauf verlassen kann, daß man glücklich lebt bis an sein seliges Ende, und die Liebe auch nicht alles überwindet, was haben wir dann überhaupt davon? Warum verlieben wir uns überhaupt?
Wir verlieben uns, weil es einem mit Hilfe eines Partners leichter fällt, sich nach außen hin, aber auch innerlich weiterzuentwickeln.

Entwicklungsphase

Unser ganzes Leben ist auf ein Ziel ausgerichtet: die Selbstverwirklichung. Jeder versucht auf seine Weise, das vorrangigste Problem zu lösen, das in den Bereich der Psychologie fällt. Es geht darum, eine befriedigende Antwort auf die Frage: »Wer bin ich?« zu finden. Und zwar eine wirklich erschöpfende Antwort.
Das bedeutet, daß wir uns im Laufe unseres Lebens immer wieder unserer eigenen Identität versichern müssen. Mit Hilfe von Lebenserfahrungen kommen wir irgendwann dahinter, wer wir wirklich sind, und sehen uns irgendwann durch weitere Erfahrungen darin bestätigt. Dieser Vorgang der Selbstfindung wird durch Entwicklungsstufen ausgelöst und vervollkommnet. Und unsere Beziehungen tragen mehr als alles andere dazu bei, daß wir die Entwicklung durchmachen, die so entscheidend zur Selbstfindung beiträgt. Aus eben diesem Grund entschieden wir uns für diesen und keinen anderen Partner, und aus dem gleichen

Grund fällt dessen Wahl auf uns. Deshalb lassen sich Menschen aufeinander ein und gehen wieder auseinander. Die einzelnen Entwicklungsphasen sind unabdingbare Sprungbretter in dem Entwicklungsprozeß, den jeder Mensch durchmacht. So hat ein Kleinkind zum Beispiel die Aufgabe, sich weiterzuentwickeln, indem es laufen lernt, nachdem es vorher nur gekrabbelt ist. Die Aufgabe eines Jugendlichen besteht darin, die nächste Entwicklungsphase zu durchlaufen und nach der High-School ein College zu besuchen. Jede dieser Entwicklungsstufen trägt zur Bildung und Festigung der Persönlichkeit bei und bringt uns der Selbstverwirklichung ein Stückchen näher. Durchläuft man die entsprechenden Entwicklungsstufen, so hilft das der Selbstfindung auf die Sprünge.

Dieser Entwicklungsprozeß schreitet ständig fort, ob wir uns dessen nun bewußt sind oder nicht. Wir lassen nichts unversucht, was der Selbstfindung dient, und arbeiten ständig daran. Jeder Mensch bemüht sich, erwachsen zu werden, das Elternhaus zu verlassen. Er bemüht sich um eine möglichst gute Ausbildung, denkt darüber nach, ob er Kinder haben möchte oder nicht, bemüht sich, mit seinen Finanzen klarzukommen oder von seiner Sucht loszukommen. Wer künstlerisch begabt ist, versucht das auszuleben. Jeder Mensch versucht, seine Sexualität in den Griff zu bekommen, sich seine Selbstachtung zu bewahren und anerkannt zu werden. All diese Schritte fördern die Entwicklung und stärken die Persönlichkeit. Wenn wir von einer Entwicklungsphase zur nächsten übergehen, lassen wir uns gern nach Kräften helfen.

Es gibt verschiedene Schritte, die der Weiterentwicklung dienen. Zunächst einmal die deutlich sichtbaren. Wir bemühen uns unser ganzes Leben hindurch, etwas zu leisten, etwas zu erreichen oder zu bewirken. So streben wir zum

Beispiel danach, laufen oder lesen zu lernen, dem Elternhaus den Rücken zu kehren, aufs College zu gehen, uns beruflich zu etablieren, ein Kind zu haben und ein Haus zu bauen.

Daneben gibt es aber auch noch den psychologischen Entwicklungsprozeß, der mit unserer ureigenen Psyche zu tun hat. Bei diesem Entwicklungsprozeß geht es darum, mit emotionalen Problemen fertigzuwerden. Wir müssen zum Beispiel mit unserer Sexualität leben, unsere Wut bezähmen, uns mit unserer Männlichkeit bzw. Weiblichkeit anfreunden. Außerdem geht es darum, unsere Vitalität, Kreativität und Selbständigkeit in die richtigen Bahnen zu lenken, um nur ein paar Beispiele zu nennen.

Als Menschen lassen wir uns dabei natürlich gern von anderen Menschen helfen. Geht man eine Beziehung zu einem anderen Menschen ein, wird einem diese Hilfe am ehesten zuteil. Durch die Liebe, die man füreinander empfindet, hilft man sich gegenseitig, und liebt man sich wirklich, halten sich Geben und Nehmen in etwa die Waage.

Eine besonders romantische Auffassung von der Liebe ist das gerade nicht. Man könnte das sogar für Egoismus halten. Unter dem Deckmantel einer romantischen Liebesbeziehung spielt sich in Wahrheit etwas ab, was vor allem der Selbstfindung dient, doch von Egoismus muß nicht unbedingt die Rede sein. Es ist lediglich so, daß es uns die Liebe in einer Partnerschaft erlaubt, die besonderen Qualitäten unseres Partners auch wirklich zu erkennen und zu schätzen. So gesehen ist es die vollkommene Liebe – eine Liebe, die nicht blind macht.

Beziehungen erleichtern es uns häufig, die äußerlich sichtbaren Entwicklungsstufen zu durchlaufen, und oft sind wir uns dessen auch bewußt. So heißt es zum Beispiel manchmal: »Er hat mir geholfen, das College abzuschließen« oder

»Sie hat mir geholfen, mich beruflich zu etablieren«. Weit interessanter und wohl auch entschieden wichtiger ist es jedoch, daß uns Beziehungen auch in *emotioneller* Hinsicht weiterbringen, denn die Beziehungen an sich sind ja schon gefühlsbetont. Wir übersehen leicht, was wir in einer Beziehung an Gefühlen investieren, denn im allgemeinen achten wir kaum auf unsere gefühlsmäßige Entwicklung. Tatsache ist jedoch, daß wir uns auch gefühlsmäßig ständig weiterentwickeln, ob wir uns dessen nun bewußt sind oder nicht.

Über die äußere, deutlich sichtbare Entwicklung will ich mich hier nicht weiter auslassen, ich möchte jedoch näher auf das Wesentliche bei der Entwicklung unserer Psyche eingehen.

Die psychologischen Entwicklungsphasen kann man im Grunde genommen in zwei Kategorien einteilen: Spezifische Defizite aus der Kindheit sollen aufgearbeitet werden, und man gelangt zu der Erkenntnis, wie wichtig Kindheitserfahrungen für das Leben sind.

Die meisten Menschen messen der eigenen Vergangenheit keine besondere Bedeutung bei und erinnern sich nur noch dunkel an die vorangegangene Zeit. Kindheit und Erwachsensein betrachtet man im allgemeinen als grundverschiedene Lebensabschnitte. Für die meisten Menschen gibt es da keinen nahtlosen Übergang, denn in Wahrheit sind Kindheit und Erwachsensein fest miteinander verwoben. Wir neigen dazu, unsere Kindheit stark vereinfacht zu sehen. »Natürlich war ich glücklich, aber meine Eltern haben ja auch alles für mich getan.« Oder: »Ich hatte eine schreckliche Kindheit, aber was soll's, das ist ja nun ausgestanden.«

Ein irrige Auffassung! Die Kindheit wirkt sich nämlich auf das ganze Leben aus. Es hängt von unserer Kindheit ab, wie

wir als Erwachsene leben. Die emotionalen Verhaltensweisen, die wir als Kinder gelernt und erlebt haben, begleiten uns durch unser ganzes Leben. Unbeirrbar treffen wir als Erwachsene bewußt und auch unbewußt Entscheidungen, mit deren Hilfe wir verstehen oder kitten möchten, was uns in der Kindheit widerfahren ist. Vor allem aber wollen wir durch die Beziehungen, auf die wir uns einlassen, unserer Kindheit auf den Grund gehen. Viele Menschen tun sich schwer damit, das zu akzeptieren, denn man befaßt sich im allgemeinen nicht so gern mit seiner Kindheit, was wohl der Angst entspringt, man könnte den Unzulänglichkeiten der Eltern auf die Schliche kommen. Die Intuition sagt uns natürlich, daß Eltern gar nicht vollkommen sein können, trotzdem wissen wir nicht, wie wir auf die Tatsache reagieren, daß auch Eltern Fehler machen. Wer weiß, was sich da alles herausstellt, wenn wir unsere Kindheit erst einmal gründlich durchforsten!
Eltern können gar nicht alles richtig machen, das steht fest, und wir wollen sie weder in den Himmel heben noch in Grund und Boden verdammen. Wir wollen sie lediglich richtig einschätzen und uns darüber klarwerden, welchen Einfluß sie auf uns ausgeübt haben. Sie haben uns geprägt und dadurch auch bis zu einem gewissen Grade mitbestimmt, wie wir als Erwachsene leben. Auch die Wahl des Partners geht zum Teil auf sie zurück. Was wir in Erfahrung bringen, kann nur von Vorteil sein, denn je mehr wir über uns wissen, desto wahrhaftiger können wir unser Leben gestalten. Das dient der Selbstfindung und der Selbstverwirklichung.

Defizite aus der Kindheit

Nun wollen wir die beiden Liebesgeschichten vom Anfang des Kapitels einmal genauer unter die Lupe nehmen. Wenn wir uns zum Beispiel fragen, warum sich John und Deborah ineinander verliebt haben, so kommen wir unweigerlich zu dem Schluß, daß sie die Wunden heilen wollten, die ihnen in der Kindheit zugefügt worden waren.

Johns Vater war leitender Angestellter einer großen Firma. Er war ein richtiges Arbeitstier, arbeitete bis zu achtzig Stunden pro Woche und war kaum je zu Hause. Daher fiel John schon als Kind die Aufgabe zu, sich um seine Mutter zu kümmern. Nach und nach übernahm er die Rolle des Gefährten. Intellektuell stand er ihr bei, indem er Freude über ihre Leistungen bekundete. Darüber hinaus tröstete er sie, wenn sie traurig war. Unwissentlich trat er damit verfrüht in die Fußstapfen eines Erwachsenen. Er hatte nicht nur keinen Vater, der ihm als Vorbild dienen konnte (seine Arbeitswut war eher abschreckend), auch seine Mutter kümmerte sich nicht um ihn. Es war genau umgekehrt: *Er* mußte sich um seine *Mutter* kümmern, wurde praktisch zum Ersatz für den Ehemann.

Als John dann erwachsen wurde, hatte er schon eine lange Lehrzeit als Erwachsener hinter sich. Er verstand sich hervorragend darauf, die Frau, die sein Leben ausmachte (seine Mutter), glücklich zu machen und dafür zu sorgen, daß sie zufrieden war. Er war es gewöhnt, sich um alles zu kümmern und dafür zu sorgen, daß der Rasen gemäht war, der Müll hinausgetragen und die Haustür abgeschlossen wurde. Als Jugendlicher sorgte er auch noch dafür, daß die Rechnungen bezahlt wurden und seine Mutter jemanden hatte, mit dem sie zum Essen gehen konnte.

Ihm fehlte jedoch etwas Entscheidendes. John wuchs heran, ohne je die Erfahrung gemacht zu haben, wie es ist, wenn man einfach nur geliebt wird – verhätschelt, verzärtelt, gestreichelt, liebkost und verwöhnt. Die unbedingte und uneingeschränkte Liebe und Zärtlichkeit, die Eltern für ihre Kinder empfinden, hatte er nie erlebt.

Deborah stammte aus einer Familie von Einwanderern und hatte eine entbehrungsreiche Kindheit. Ihr Vater war Alkoholiker, daher mußte die Mutter den Lebensunterhalt für die Familie verdienen. Die Mutter plagten Schuldgefühle, weil ihr Mann so trank und sie selbst kaum je zu Hause war. Sie versuchte, ihre Kinder zu entschädigen, indem sie es materiell an nichts fehlen ließ und sie mit Geschenken überschüttete. Eine hingebungsvolle Mutter, die an allem teilnahm, konnte sie ja wegen ihrer Berufstätigkeit nicht sein. Deborah wuchs infolgedessen in der Überzeugung auf, daß sie zumindest materiell alles haben konnte, was sie wollte. Obwohl sie auf ihre Mutter weitgehend verzichten mußte und ihr Vater trank, war sie ein verwöhntes Kind. Für das Defizit an elterlicher Zuwendung war das jedoch kein Ersatz.

Als sie John kennenlernte, fühlte sie sich sofort zu ihm hingezogen, weil er ›so erwachsen‹ war, wie sie es nannte. Er schien, rein äußerlich betrachtet, jeder Situation gewachsen zu sein und kannte sich mit Dingen aus, die ihr fremd waren, denn ihre berufstätige Mutter hatte nie Zeit für sie gehabt, und mit ihrem Vater konnte sie seiner Trunksucht wegen ohnehin nicht rechnen. Sie hatte sich allerhand vorgenommen und sich vor allem im Hinblick auf ihre Ausbildung Ziele gesetzt, doch die waren zu verschwommen, und so hatte sie diese nicht in die Tat umsetzen können. Als sie John davon erzählte, machte er ihr Mut.

John war schon sehr reif und erwachsen, weil er sich ja schon in jungen Jahren um seine Mutter hatte kümmern

müssen. Daher war er Deborah eine Stütze. Er war verläßlich und bot ihr im häuslichen Bereich Beständigkeit. Aber auch darüber hinaus war er ihr an Lebenserfahrung haushoch überlegen.
Daher konnte sich Deborah prüfen und ihre Fertigkeiten vervollkommnen, worin John sie stets bestärkte. Er erklärte ihr, wie man sich um ein Stipendium bewarb, wie man einen Lebenslauf für eine Bewerbung schrieb und ein Darlehen für ein Auto aufnahm. Auch im Haushalt konnte er ihr vieles beibringen, so zum Beispiel, wie man Betten macht und wie man am besten und günstigsten einkauft. Ihre Mutter war ständig so überarbeitet gewesen, daß ihr keine Zeit geblieben war, Deborah solche grundlegenden Dinge beizubringen. Deborah hatte als Kind praktisch weder Vater noch Mutter gehabt, und das machte John jetzt wett.
Deborah nahm mit Freuden an, was John ihr zu geben hatte und war ihm dafür unendlich dankbar. Zumindest eines hatte sie von ihrer nachsichtigen Mutter gelernt – großzügig zu sein. Sie revanchierte sich bei John, indem sie ihm schenkte, was er von seiner Mutter nie bekommen hatte. Sie machte ihm kleine und große Geschenke, wie sie es von ihrer Mutter kannte. Sie lobte ihn und gab ihm zu verstehen, daß sie ihn für einen wunderbaren Menschen hielt, sagte ihm, sie könne ohne ihn nicht leben und sei ihm unbeschreiblich dankbar.
Deborah wurde allmählich erwachsen. Das lag an ihrer Beziehung zu John, und darin bestand ihre Aufgabe im Hinblick auf ihre Weiterentwicklung. Sie lernte, was sie als Erwachsene wissen mußte, um sich behaupten zu können. Und auch bei John konnten durch die Beziehung zu Deborah Defizite aus der Kindheit ausgebügelt werden. Endlich durfte er erleben, was es hieß, geschätzt und geliebt zu wer-

den. Jetzt kümmerte sich zur Abwechslung einmal jemand um ihn.
Wenn sich die Partner in einer Zweierbeziehung vielleicht auch gar nicht erklären können, wieso zwischen ihnen alles so gut klappt, besteht die Daseinsberechtigung und Hauptaufgabe so mancher Beziehung in dem Erwachsenwerden beider Partner. Das vorgenannte Beispiel beweist das. Viele Menschen haben es mit ihren Eltern nicht besonders gut getroffen. Manche haben so viele Geschwister, daß die Eltern weder die Zeit noch die Energie aufbringen, um ihren Kindern die nötigsten Fertigkeiten beizubringen oder um ihnen die Zuwendung zuteil werden zu lassen, die Kinder so nötig brauchen. Vielleicht hat es sie aber auch so sehr danach gedrängt, den Traum von Reichtum und Erfolg in die Tat umzusetzen, daß ihnen die Kindererziehung zweitrangig erschien. Es gibt zahlreiche unerwünschte Kinder und Kinder, deren Existenz in den Eltern sehr zwiespältige Gefühle wachruft.
Aber wie dem auch sei – Kinder, die die Ehekrisen ihrer Eltern ausbaden müssen, weisen als Erwachsene selbst ernsthafte Defizite im Gefühlsbereich auf.
»Als du zur Welt kamst, war das die reinste Katastrophe«, gab ein Vater seiner Tochter zu verstehen. »Ich war gerade aus dem Krieg heimgekehrt und wollte aufs College gehen, doch da hast du dich angekündigt. Ich mußte zwei verschiedene Jobs annehmen, und Mutti war ständig übermüdet.«
Viele Eltern heranwachsender Kinder wollen Karriere machen und sind so sehr damit beschäftigt, daß sie weder Zeit haben noch den Wunsch verspüren, ihren Kindern beizubringen, was sie später einmal brauchen – ganz gleich, ob es sich nun um physische, praktische oder geistige Kenntnisse bzw. Fertigkeiten handelt. Infolgedessen gibt es Erwachsene, die als Kinder und als Heranwachsende in

lebenswichtigen Dingen nicht unterwiesen worden sind. Diese sind dann weder emotionell noch praktisch in der Lage, sich im Leben zu behaupten, weil die Eltern aufgrund der gegebenen Umstände oder aufgrund ihrer eigenen Unfähigkeit die Kinder nicht in lebenswichtigen Dingen unterwiesen haben.

Durch die Unterlassungssünden mancher Eltern mangelt es den inzwischen erwachsenen Kindern oft an Selbstbewußtsein. Sie sind nicht motiviert oder können ihre Gefühle nicht zeigen. Vor allem neigen sie dazu, ihre Wut in sich hineinzufressen. Die Unterlassungssünden der Eltern können sich auf praktische Dinge beziehen. »Das sind Kredite«, »So verhält es sich mit Zinssätzen«, »So sieht es mit den Geschäftsprinzipien aus«. Vielleicht haben es die Eltern auch versäumt, ihre Kinder in Fragen der Gesundheit, Hygiene und Ernährung zu unterweisen und sie auch kein natürliches Körperbewußtsein gelehrt, so daß die Kinder körperlichen Dingen gegenüber später eine Abwehrhaltung einnehmen. Unter Umständen unterlassen es manche Eltern auch, sich über organisatorische Fragen, Entscheidungsfreude und die richtige Zeiteinteilung auszulassen.

Da uns die Eltern nicht alles beibringen können, wissen wir als Erwachsene oft bei weitem nicht genug, um eigenständige Menschen zu werden. Es ist fast, als stünden wir mit unseren kleinen Rucksäcken oder Reisetaschen auf der Schwelle zum Erwachsensein und müßten feststellen, daß unser Gepäck auf der Unterseite Risse oder Löcher aufweist, womit man uns im Grandhotel des Erwachsenenlebens nicht besonders gerne aufnimmt. Doch mit Hilfe unserer Liebesbeziehungen könnten wir alles noch flicken, glätten oder ausbügeln, was uns in der Kindheit versagt geblieben ist, so daß wir unserer Menschenwürde nicht verlustig gehen und als Erwachsene vor der Welt bestehen können.

Selbstfindung

Nun wollen wir uns der Liebesgeschichte von Neil und Marie zuwenden. Ihre Verbindung zeigt, wie man seine Identität findet und was die Partner voneinander lernen können, wenn aus der Kindheit noch Wissenswertes zur Verfügung steht.

Marie hatte vier ältere Geschwister. An ihrem älteren Bruder hing sie ganz besonders. Da sie viele Jahre voneinander trennten, betrachtete sie den Bruder fast als zweiten Vater. Ihr Vater war sehr viel unterwegs, und daher fiel es Marie nicht schwer, ihn durch den älteren Bruder zu ersetzen, der auch sehr stark war und genau so gut aussah.

Marie versuchte ständig, sich bei ihrem Bruder im besten Licht zu zeigen, damit er sie liebte und bewunderte, wie es ein Vater normalerweise getan hätte. Doch als sie auf die Welt kam, mußte sich ihr Bruder schon mit drei anderen Schwestern herumschlagen. Seine jüngeren Schwestern ödeten ihn an, seinen eigenen Worten zufolge waren sie eine Plage. Natürlich interessierten sie sich nur für Mädchenkram, und mit ihnen gab es nichts als Ärger.

Da Marie die Jüngste war, entzündete sich der Zorn des Bruders hauptsächlich an ihr. »Deine Puppen liegen schon wieder überall herum«, schrie er sie zum Beispiel an. »Wirst du denn nie erwachsen?« Da bewunderte sie ihn, weil er groß war, schon erwachsen und gut aussah, und er putzte sie herunter, weil sie noch klein war und zu allem Überfluß auch noch ein Mädchen.

Interessanterweise war auch Neil der ältere Bruder mehrerer Schwestern gewesen. Die Mutter hatte die Schwestern immer verwöhnt und von Neil erwartet, daß er um seiner Schwestern willen auf seine eigenen Bedürfnisse verzichtete. »Vergiß nicht, daß es Mädchen sind«, pflegte ihm die Mutter vorzuhalten. »So ist das nun einmal, sie können es nicht ändern.«

Marie erkannte durch eine Therapie, daß ihre Beziehung zu Neil eine Wiederholung der Beziehung zu ihrem älteren Bruder war. Auch Neil spielte Marie gegenüber wieder genau die gleiche Rolle wie als Kind den Schwestern gegenüber. Neil verlor bald die Geduld und übte Kritik an Marie. Marie hingegen fühlte sich als Opfer und beschwerte sich darüber, daß er ständig auf ihr herumhackte. Unwissentlich war sie wieder in die Rolle der kleinen Schwester geschlüpft, über die der ältere Bruder ständig herzog (in diesem Fall natürlich Neil, der gereizte Ehemann), während Neil seinem verborgenen Ärger endlich einmal Luft machte, was die Privilegien von Frauen anbelangt.

Dieses Beispiel zeigt, daß die meisten Menschen früher oder später entweder ganz bewußt oder auch unbewußt als Erwachsene ihre Kindheit fortsetzen, nach einem Schema vorgehen, auf das sie anscheinend programmiert sind. Eine meiner Patientinnen drückte es so aus: »Es ist doch wirklich nicht zu fassen, aber mein Vater war Alkoholiker und mein erster Mann auch. Und ob Sie es glauben oder nicht – gerade bin ich dahintergekommen, daß auch mein zweiter Mann Alkoholiker ist.«

Ein Patient berichtete: »Mein Vater war ein unverbesserlicher Grobian, und meine Frau ist auch furchtbar brutal. Zwischen meinem Vater und mir gab es ständig Machtkämpfe, bei denen ich immer der Unterlegene war, und jetzt gibt es Machtkämpfe zwischen meiner Frau und mir. Auch bei ihr ziehe ich unweigerlich den kürzeren. Entsetzlich – ich habe eine Frau geheiratet, die genau wie mein Vater ist.« Sein Bericht beweist, daß man auch beim anderen Geschlecht oft den Kindheitsmustern nacheifert. Liz gelangte zu der Erkenntnis, daß sie mit einem Mann verheiratet war, der sich wie ihre Mutter verhielt. »Meine Mutter führte das Kommando«, erzählte sie. »Mutter hatte bei uns die Hosen an. Meinen Mann habe ich um seiner Stärke willen bewundert, bis mir dämmerte, daß Bob genau wie meine Mutter immer alles bestimmen wollte. Über jede Kleinigkeit wollte er Bescheid wissen, jeden meiner Schritte verfolgen können und selbstverständlich alle Entscheidungen treffen. Er wollte sichergehen, daß ich nicht die leiseste Eigeninitiative zeigte. Ich hatte mir immer eingebildet, daß die Frauen am liebsten Männer heiraten, die ihren Vätern vom Wesen her sehr ähnlich sind, doch mein Vater war so lieb und sanft, daß ich mir lange nicht erklären konnte, wieso ich bei meinem Mann immer das Gefühl hatte, daß er mich bevormundete und unterdrückte. Bis ich dann erkannte, daß Bob das Abbild meiner Mutter war!« Auch hier wird wieder demonstriert, wie sich entscheidende Kindheitseinflüsse bei Erwachsenen wiederholen. Da läuft der gleiche Film noch einmal ab. Doch irgendwann kommen die Betroffenen dahinter, was das Fatale daran ist.

Anhand der Beispiele John und Deborah sowie Neil und Marie läßt sich demonstrieren, daß man Beziehungen eingeht, um die eigene Entwicklung zu fördern, um sich weiterzuentwickeln, wenn man sich dessen auch nicht unbedingt bewußt ist. Daraus ergibt sich logischerweise, daß man sich wieder trennt, wenn die angestrebte Entwicklungsphase abgeschlossen ist.

So gingen John und Deborah zum Beispiel wieder auseinander, sobald die seelischen Verletzungen aus der Kindheit auskuriert waren. John verhielt sich Deborah gegenüber wie ein Vater und lehrte sie alles, was zum Erwachsensein gehört. Sie setzte immer öfter ein, was er sie lehrte, und wurde schließlich eine tüchtige eigenständige Erwachsene. Je mehr sie die Fähigkeiten, die John sie gelehrt hatte, für ihre eigenen Ziele einsetzte, desto mehr entfernte sie sich von ihm. Irgendwann fühlte sie sich von ihm überwacht und empfand das als sehr lästig. Es stellte sich heraus, daß John ihr nur in der Rolle des väterlichen Ratgebers etwas nutzen konnte. Ansonsten verband sie eigentlich nichts mit ihm. Sie lebten in verschiedenen Welten. Nachdem Deborah wußte, was eine Erwachsene wissen muß, strebte sie wie jeder normale junge Mensch danach, dem Elternhaus den Rücken zu kehren und ihr Leben selbst in die Hand zu nehmen.

John hingegen wurde durch Deborah endlich die Liebe zuteil, die ihm bewies, daß er ein vollwertiger Mensch war. Diese Liebe hatte er als Kind entbehren müssen, und als Erwachsener ließ er sich nur allzugern von seiner Frau in Liebe einhüllen, bewundern und verwöhnen. So gelang es Deborah, das Defizit an Zuwendung wieder auszubügeln. Ihre Liebe gab ihm Kraft.

Sobald es ihm nicht mehr an Zuwendung mangelte, sehnte er sich danach, die Fähigkeiten, die einen Erwachsenen ausmachen, endlich einmal zum eigenen Nutzen einzusetzen. Ihm ging auf, daß er seine eigene berufliche Laufbahn jahrelang vernachlässigt hatte, um Deborah auf die Sprünge zu helfen. Nachdem ihn Deborah verlassen hatte, kam er erstaunlich schnell wieder auf die Beine. Mit Startkapital von seiner Mutter machte er sich selbständig und wurde Autohändler, auf ausländische Wagen spezialisiert.

Warum trennten sich Marie und Neil? Als sie merkten, daß sie sich entschieden zu oft stritten, entschlossen sie sich zu

einer Therapie. Dabei stellte sich heraus, daß sie beide wieder in die gleichen Rollen verfallen waren wie in ihrer Kindheit.
Marie begriff, daß sie sich nicht ständig zu kritisieren und herunterzuputzen lassen brauchte, um geliebt zu werden. Das war das Dilemma des Verhältnisses zu ihrem Bruder gewesen.
Neil wurde mit seinen Ressentiments Frauen gegenüber konfrontiert, die er an Marie ausgelassen hatte. Beide wurden sich darüber klar, welche Rolle sie gespielt hatten, und sprachen auch darüber. Sie konnten sich sagen, daß ihre Beziehung für beide von unschätzbarem Wert gewesen war. Wegen des nochmaligen Durchlebens der Gefühlswelt ihrer Kinderzeit konnten sie längst verschüttete Gefühle wieder freilegen und sich darüber klarwerden. Doch nachdem sie sich dieser Aufgabe entledigt hatten, mußten sie sich sagen, daß sich ihre Beziehung totgelaufen hatte. Sie hatten keine gemeinsame Basis, keine gemeinsamen Interessen mehr, nicht einmal die gleichen Wertvorstellungen. Die Trennung nahm beide ziemlich mit, doch sie trennten sich in aller Freundschaft.
Das beweist, daß man sich im Guten trennen kann, wenn der Entwicklungsprozeß bei beiden Partnern abgeschlossen ist. Trifft das jedoch nicht auf beide gleichzeitig zu, so kann die Trennung eine Qual sein. Man kann durchaus erkennen, daß man selbst eine Entwicklungsphase abgeschlossen hat, während das beim Partner noch eine Weile dauern kann. Und schon schlägt man sich mit Schuldgefühlen herum.
Wenn man in diese Lage gerät, muß man bedenken, daß man dem Partner nicht dazu verhelfen kann, daß dieser seine derzeitige Entwicklungsphase abschließt und daß man sich deshalb auch nicht schuldig zu fühlen braucht. Es liegt

nämlich ganz bei uns, inwieweit wir den Aufgaben im Hinblick auf unsere Weiterentwicklung gerecht werden. Wenn die Entwicklung stagniert, können wir niemandem die Schuld daran in die Schuhe schieben.

Paul und Sally sind ein Beispiel dafür. Nach sieben Jahren Ehe war Sally völlig frustriert, weil Paul nicht aus sich herausgehen konnte und keinen Kampfgeist besaß, weil er außerdem schon jahrelang an Depressionen litt und sich standhaft weigerte, eine Therapie zu machen. Nachdem sie selbst ein Jahr lang in Behandlung gewesen war, zog sie einen Schlußstrich unter ihre Ehe. Mit diesem ganz einseitig gefaßten Entschluß trieb sie ihren Mann vollends zur Verzweiflung.

Nachdem ihr Entschluß feststand, wurde Sally bis zur Scheidung von Schuldgefühlen geplagt. Auch ihrer Tochter wegen machte sie sich Vorwürfe, die sehr am Vater hing. Immer wieder stellte sie sich die Frage, ob sie nicht übereilt gehandelt hatte, als sie die Scheidung einreichte. Hätte sie statt dessen nicht versuchen sollen, sich doch wieder mit ihrem Mann auszusöhnen und eine gemeinsame Basis zu finden? Vielleicht würde er sich doch noch ändern, wenn sie stärkere Geschütze aufführe, und sie könnte eine Ehe führen, die ihren Vorstellungen ein wenig mehr entspräche. Doch er lehnte alles ab – was sie auch immer vorschlug. »Ich möchte alles ganz genau so lassen, wie es ist«, begründete er seine ablehnende Haltung. »Ich bin ganz zufrieden, und wenn du es nicht bist, so ist das dein Problem.«

Da wußte sie, daß keine Hoffnung mehr bestand, und reichte endgültig die Scheidung ein. Paul begriff noch immer nicht, wie es dazu hatte kommen können. »Da du fest entschlossen bist, kann ich auch nichts daran ändern. Ich wollte mich nicht scheiden lassen, ich bin bei der Scheidung nur das Opfer.«

Als Jahre später auch seine zweite Ehe in die Brüche ging (»Genau aus den gleichen Gründen«, erklärte er in weiser Selbsterkenntnis), begab sich Paul endlich zu einem Therapeuten. Durch die Therapie stellte sich heraus, daß er die Wut auf seine Mutter jahrelang tief in sich hineingefressen und an allen Frauen ausgelassen hatte, die später in sein Leben traten. Das gestand er auch Sally. »Es tut mir leid«, sagte er. »Ich habe dich geliebt, aber mich selbst nicht – zumindest nicht genug, um zu begreifen, wie man eine gute Ehe führt.«

Manchmal dauert es sehr lange, bis eine Erkenntnis in einem reift, wie dieses Beispiel zeigt. Erst nach fünfzehn Jahren kam Paul im Anschluß an seine zweite Scheidung endlich dahinter, daß er immer wieder das gleiche Verhaltensmuster an den Tag gelegt hatte, ohne daß er sich dessen bewußt gewesen war. Und so war er schon fast fünfzig Jahre alt, bis er der Aufgabe gerecht geworden war, seine gefühlsmäßige Entwicklung mehr oder weniger abzuschließen.

Paul ist ein gutes Beispiel dafür, was passieren kann, wenn man nicht begreift, was man in einer Beziehung zuweilen anrichtet. Man macht immer wieder die gleichen fatalen Fehler, bis man zur Besinnung kommt und einsieht, daß es so nicht geht. Viele Leute, die sich scheiden lassen und wieder heiraten, machen in der zweiten oder auch noch in der dritten Ehe genau die gleichen Fehler wie schon in der ersten. Sie geraten sich wegen der gleichen Dinge in die Haare, alles spielt sich wie gehabt ab, und sie erleben immer wieder die gleichen Enttäuschungen. Ihnen war nicht klar gewesen, was sie sich in der ersten Ehe überhaupt zum Ziel gesetzt hatten, deshalb fing alles noch einmal von vorn an.

In einer Beziehung ändern sich nicht beide Partner gleichermaßen. Für viele Menschen ist so eine Beziehung einfach ein Ruheplätzchen, eine Art ›Auffangbecken‹, wo ihr Leben in ruhigen Bahnen verläuft, ohne daß sich etwas ändert, oder anders ausgedrückt – ohne daß sie sich maßgeblich weiterentwickeln. Ein Mann beschrieb das nach einer gescheiterten Beziehung so: »Ruth war enttäuscht von mir, weil ich keinen Ehrgeiz entwickelte, aber das wäre über meine Kraft gegangen. In Vietnam habe ich so viel durchgemacht, daß es mir nur um einen Zufluchtsort ging, an dem ich meine Ruhe hatte. Für mich war es sehr wichtig, daß mich zu Hause jeden Abend die gleiche Frau erwartete. Ich brauchte dieses Gleichmaß und ungetrübten Frieden. Zunächst einmal ging es mir in erster Linie darum, mit mir selbst ins reine zu kommen und mich wieder zurechtzufinden. Es war sozusagen Ruths Geschenk, daß ich eine Weile alle viere von mir strecken konnte.«

Beziehungen sind aber auch zum Scheitern verurteilt, wenn der Entwicklungsprozeß ausufert. Eine Beziehung hat nämlich nur Bestand, wenn der Entwicklungsprozeß bei beiden Partnern parallel verläuft oder zumindest ähnlich ausgerichtet ist. Wenn ein Partner den Lebensrhythmus ändern möchte, der andere Partner den Lebensrhythmus jedoch lieber so beibehalten würde wie bisher, ist der Ärger vorprogrammiert.

Mike und Karen zum Beispiel waren beide vorzeitig von der High-School abgegangen und hatten sich kennengelernt, als sie in einer Elektronikfabrik arbeiteten. Beide gingen leidenschaftlich gern ins Kino und spielten im Softballteam der Firma. Da sie beide in Armut aufgewachsen waren, träumten sie von einem eigenen Haus. Nachdem sie zwei Jahre miteinander gegangen waren, heirateten sie. Um Geld für das ersehnte Haus ansparen zu können, unterstützte Karen Mike, während er sich zum Elektriker ausbilden ließ. Sie warfen ihre Einkünfte in einen gemeinsamen

Topf, und nach vier Jahren kauften sie erstmals ein eigenes Haus.
Drei Jahre später hatten sie zwei Kinder, und Karen wurde immer unzufriedener. Es genügte ihr nicht, immer bei den Kindern zu Hause zu sein. Ihr fehlten die Anregungen, die ihr der Beruf geboten hatte, und ihr fiel erstmals auf, daß sie immer wieder in die Rolle derjenigen gedrängt wurde, die für andere zu sorgen und sich für andere aufzuopfern hatte. Schon als Kind hatte sie ihre kranke Großmutter pflegen müssen. Durch diese Erfahrung widerstrebte es ihr jetzt, wegen der Kinder wieder ans Haus gefesselt zu sein. Sie wollte wieder in ihren Beruf zurück und wieder arbeiten, doch als sie das mit Mike besprach, wurde er sehr wütend.
Mike kam aus einer kaputten Familie, daher war es ihm ungeheuer wichtig, der einzige Ernährer zu sein. Er hatte überhaupt nur zugelassen, daß Karen arbeitete, damit sie sich möglichst schnell ein eigenes Haus leisten konnten. Nun war das Haus abbezahlt, und damit bestand für Mike kein Grund mehr, auch Karen ihren Beruf zuzugestehen. Seiner Ansicht nach gehörte sie ins Haus.
Damit vertraten sie grundverschiedene Auffassungen und entwickelten sich ganz eindeutig auseinander. Sie hatten kein gemeinsames Ziel mehr. Als sie noch beide berufstätig waren, weil sie ein Haus kaufen wollten, ergänzten sie sich hervorragend, doch als Karen Mike immer deutlicher zu verstehen gab, daß es ihr ein Bedürfnis sei, ihre Fähigkeiten beruflich einzusetzen, anstatt sie brachliegen zu lassen, sah Mike seinen Traum von der heilen Familie in Gefahr. Ein Jahr lang diskutierten sie immer wieder über dieses Thema, und Mike ließ nichts unversucht, um Karen davon abzubringen, daß sie wieder berufstätig wurde, doch genau das war Karen ein so starkes Bedürfnis, daß sie sich nicht erwei-

chen ließ. Da erklärte Mike ihr, sie sei den Kindern keine gute Mutter, nahm die beiden Jungen und zog aus.

Anhand all dieser Beispiele versuche ich aufzuzeigen, daß die Kindheit einen ungeheuer starken Einfluß auf die Beziehungen Erwachsener hat. Ohne daß wir uns dessen bewußt sind, verfallen wir oft Partnern, die uns dabei helfen können, uns in dem finsteren Dickicht der Kindheit zurechtzufinden, damit wir unsere Identität bröckchenweise auflesen können wie Hänsel und Gretel die Brotkrumen, ohne die sie nicht zurückgefunden hätten. Ich bin immer wieder fassungslos vor Staunen angesichts der Tatsache, daß die meisten Erwachsenen erschreckend wenig über ihre Kindheit wissen, ob sie nun vor dem Traualtar oder vor dem Scheidungsrichter stehen. Die Kindheit ist ausnahmslos für alle Menschen die Ausgrabungsstätte, aus der alle wichtigen Informationen über uns ans Tageslicht befördert werden – unsere Hoffnungen und Erwartungen, alles, was uns versagt geblieben ist, unsere Vorstellungen von Liebe und Sexualität, unsere Einstellung zum anderen Geschlecht, unser Selbstwertgefühl, unsere Einstellung unserem Körper gegenüber und die vielen anderen Dinge, die unsere Weltanschauung und unser Selbstverständnis ausmachen.
Die meisten Menschen werden erwachsen, ohne etwas über sich zu wissen. Ihnen ist häufig nicht bewußt, welche Menschen und Einflüsse dazu beigetragen haben, sie zu prägen und zu dem zu machen, was sie sind. Deshalb versucht man als Erwachsener, ganz bewußt zu leben. Viel wichtiger ist aber, daß man unbewußt noch einmal auferstehen läßt, was man bereits durchlebt hat, bis man es durchschaut.
Frauen, die als Kinder von ihren Vätern mißbraucht worden sind, heiraten oft brutale Männer, die sie schlagen.

Und Männer, die geistesabwesende, kaltherzige Mütter hatten, heiraten oft Frauen, die physisch und gefühlsmäßig auf Distanz gehen und damit praktisch unerreichbar für sie sind.
Die Kindheit ist der erste wichtige Lebensabschnitt. Hätten wir ihn als Kinder schon bewußt erlebt, so hätten wir es später entschieden leichter gehabt, und so manches wäre uns erspart geblieben. Jahre später durchleben wir die Kindheit noch einmal – so als sähen wir uns genau den gleichen Film noch einmal in einem anderen Kino an. Da wird die Kindheit in unsere Liebesaffären und Ehen miteinbezogen.
Erst durch die Beziehungen, die wir als Erwachsene eingehen, verstehen wir, was wir über unsere Kindheit wissen müssen. Was wir da über uns in Erfahrung bringen, ist von allergrößter Wichtigkeit. Wie durch Zauberkraft und ganz unbewußt greifen wir das Geschehen und die gefühlsmäßige Bindung an unsere Eltern wieder auf und lassen sie in der Beziehung zu unseren Liebsten bzw. Ehepartnern wieder auferstehen. Ganz so, als wollten wir damit demonstrieren, daß wir nicht anders können, weil wir klarer sehen möchten.
Es gibt eine ganze Reihe von Theorien über die Wiederholung psychologischer Verhaltensweisen, gegen die kaum jemand gefeit ist. So heißt es zum Beispiel, die Menschen seien hoffnungslos inkompetente Maschinisten. Sie tun die gleichen gräßlichen, schwachsinnigen Dinge immer wieder, weil sie sich im Grunde ihres Herzens geradezu nach dem Unglück sehnen. Einer anderen Theorie zufolge lassen wir den Kindheitsfilm immer wieder ablaufen, weil wir ihn immer noch nicht verstanden haben. Vielleicht das nächste Mal. Diese Theorie beinhaltet, daß wir die Kindheit immer wieder nachvollziehen und sie auferstehen lassen,

bis wir begriffen haben, was sie uns lehren kann und soll. Erst dann können wir wirklich wir selbst sein und als Erwachsene durch und durch gesunde Beziehungen eingehen, die kaum einen Wunsch offenlassen.
Wie Sie sich vielleicht denken können, neige ich dazu, die menschliche Natur milde zu beurteilen. Ich kann mir nicht vorstellen, daß alle Menschen Masochisten sind. Ich bin allerdings davon überzeugt, daß es oft lange dauert und man reich an Erfahrungen sein muß, bis man alles Lebensnotwendige über die eigene Person weiß.
Da wir die Lektion, die uns die Kindheit lehrt, in erster Linie durch die Beziehungen lernen, die wir als Erwachsene eingehen, kann es nicht ausbleiben, daß diese Beziehungen nicht immer so kristallklar, überschäumend glücklich und von langer Dauer sind, wie wir uns das erträumen. Doch gerade das »Alles-andere-als-Glatte«, Unvollkommene und Frustrierende daran ist ja so ungeheuer lehrreich. Daraus ergibt sich auch, daß man durch diese Beziehungen und nach ihrem Scheitern viel über das Verhältnis zu den Eltern lernen kann, über seine noch nicht abgeschlossene Kindheit und damit über sich selbst.
Die wichtigste Aufgabe im Leben eines Menschen ist die Selbstfindung – ganz gleich, ob man verliebt oder verheiratet ist, ob man allein oder mit einem Partner zusammenlebt. Beziehungen sind vor allem aus einem ganz bestimmten Grund so ungeheuer wichtig, und es ist auch wichtig, wie und warum sie scheitern. Es geht ja nicht nur darum, daß man der Gesellschaft des Partners verlustig geht, wenn man sich von ihm trennt. Eine Beziehung ist vor allem deshalb so wichtig, weil sie der Selbstfindung dient, der Selbstverwirklichung förderlich ist.
Ich möchte noch einmal betonen, daß die Selbstverwirklichung unsere wichtigste Aufgabe ist. Wir müssen unser Le-

ben so gestalten, daß wir ganz wir selbst sein können. Beziehungen können uns dazu verhelfen oder uns zumindest darin bestärken. Eine Trennung ist zwar schmerzlich, trotzdem betrachte ich sie nicht als tragisch, weil auch sie uns weiterbringen kann.

3. Kapitel

Wie lange hält die Liebe? Sieben Beziehungen und die Gründe für ihr Scheitern

Beziehungen können grundverschieden sein und aus den unterschiedlichsten Gründen scheitern, denn auch die Paare, die Beziehungen eingehen und sich wieder trennen, sind ja grundverschieden. Trotzdem gibt es bestimmte grundlegende Bedingungen bzw. Voraussetzungen, die zur Geltung kommen, wenn sich zwei Menschen miteinander einlassen und die auch wirksam werden, wenn sie sich wieder trennen.

Ich möchte nacheinander sieben Beziehungen unter die Lupe nehmen und auch die Probleme aufführen, welche die Beziehungen ins Wanken brachten, und an denen sie schließlich scheiterten. Natürlich kann ich nur anhand von einigen wenigen Beispielen aufzeigen, worum es mir geht, obwohl Hunderte von Paaren anläßlich ihrer Trennung meine Hilfe gesucht haben. Und es versteht sich von selbst, daß sich keiner dieser Fälle ganz genau mit Ihrem deckt. Doch ich habe mich entschlossen, diese Fälle anzuführen, damit Sie eine Art Nachschlagewerk zur Verfügung haben und wissen, wie viele Arten der Weiterentwicklung während einer Beziehung bewußt oder unbewußt betrieben werden. Daraus können Sie ersehen, inwiefern Sie sich in Ihrer Beziehung weiterentwickelt und welche Entwicklungsstufe Sie sich erarbeitet haben.

Wir haben, wie schon gesagt, völlig überholte Vorstellungen von der Liebe und sind zum Beispiel davon überzeugt, daß die Liebe niemals nachläßt. Daher nehmen wir ganz instinktiv an, daß unsere Beziehungen ›aus heiterem Himmel‹ scheitern, völlig grundlos, ohne äußeren Anlaß, oder aber – was in unseren Augen noch weit schlimmer ist – unsere Ehepartner oder Liebsten wollen plötzlich nichts mehr von uns wissen und dringen auf die Trennung. Die nachfolgenden Beispiele sollen Ihnen die Augen öffnen und zeigen, *daß Beziehungen niemals ohne triftige Gründe scheitern.* Es hat keinen Sinn, eine Beziehung aufrechtzuerhalten, wenn die entsprechende Entwicklung von einem oder beiden Partnern abgeschlossen worden ist.

Beziehungen währen im allgemeinen nicht ›ewig‹, sie haben vielmehr eine bestimmte Lebensdauer. Sie setzen sich aus der Anfangs-, der Mittel- und der Endphase zusammen. Die nachfolgenden Fallbeispiele demonstrieren das, und Sie werden sehen, daß sich auch andere Menschen verlieben, daß sie sich wissentlich oder unwissentlich der Aufgabe unterziehen, sich weiterzuentwickeln, daß sie genossen haben, was die Beziehung ihnen einbrachte und zu geben hatte, daß auch sie mit der Trennung fertigwerden mußten und überlebt haben.

Priscilla und Dean: ›Wie aus einem Gemälde von Norman Rockwell‹

Dean war Mannschaftskapitän der Fußballmannschaft, und Priscilla war eins der hübschesten Mädchen auf dem Abschlußball. Beide studierten an Eliteuniversitäten der Ostküste und waren durch hervorragende Leistungen allen anderen überlegen.

Als Priscilla ihr Studium aufnahm, sah sie sich ungeniert nach einem gutaussehenden Ehemann aus einer vornehmen Familie um, von dem anzunehmen war, daß er es einmal sehr weit bringen würde. Und Dean hielt Ausschau nach einem schönen und klugen Mädchen, nach der idealen Mutter für die Kinder, die sie einmal haben würden. Außerdem sollte ihm seine Frau stets zur Seite stehen und als Gastgeberin eine glänzende Figur machen. Als er Priscilla auf einer Party der Studentenverbindung kennenlernte, wußte er bald, daß sie seinen Vorstellungen in allen Punkten entsprach. Und Priscilla war hingerissen von dem gutaussehenden jungen Mann.

Sie verlobten sich und heirateten nach einjähriger Verlobungszeit in dem Sommer, als Priscilla 21 wurde. Die Trauung fand in einer von Weinlaub umrankten Kirche statt, die Flitterwochen verbrachten sie in Martha's Vineyard. Dean machte seinen MBA (Master of Business Administration) in Harvard, und Priscilla arbeitete währenddessen (bei Filene), um etwas dazuzuverdienen. Nach Abschluß seines Studiums nahm Dean eine Stellung bei einer namhaften Firma an, und sie kauften sich ihr Traumhaus. Das war ein Ziegelbau im Kolonialstil, sehr geräumig und von dem obligaten Staketenzaun umgeben. Mit dem Vorortzug fuhr man 45 Minuten nach New York.

Nach drei Jahren kam das erste ihrer drei überdurchschnittlich begabten Kinder zur Welt, ein Mädchen. Zwei Jahre danach bekamen sie noch eine Tochter und ein Jahr darauf einen Sohn.

Dean war wochentags vollauf damit beschäftigt, Karriere zu machen und Stufe um Stufe der Erfolgsleiter zu erklimmen. Er machte häufig Überstunden und wurde regelmäßig befördert. Priscilla machte ihre Kinder währenddessen für die Schule und den Kindergarten zurecht, fuhr ihre Töchter zu Pfadfindertreffen und zum Ballettunterricht oder den kleinen Sohn zum Fußballtraining. Sie half ihren

Kindern bei den Hausaufgaben, ging zu den Elternabenden, half bei der Finanzierung von Theateraufführungen der Schule und war insgesamt gesehen tatsächlich die perfekte und hingebungsvolle Mutter, die Dean sich immer für seine Kinder gewünscht hatte.
An den Wochenenden sah sich die ganze Familie Fußballspiele an (Spiele ihrer *alma mater* oder Spiele ihres Sohnes), und samstags bewirtete Priscilla meistens Gäste. Ihre Dinner-Parties wurden sehr gerühmt. Am Sonntag morgen gingen die Eltern mit ihren Kindern in die Kirche.
Dean war beruflich sehr erfolgreich, und Priscilla war die ideale Ehefrau und Mutter. Beider Eltern scharwenzelten überglücklich um die perfekte Familie herum. Rein äußerlich betrachtet schienen sie wirklich die vollkommene Ehe zu führen. Irgendwie fühlte man sich bei ihnen an Norman Rockwells Erntedankfestbild erinnert, das in dem großen Wohnzimmer über dem blankgewienerten stilechten Sideboard hing. Weil Priscilla immer so hinterher war, leisteten die Kinder Hervorragendes. Auch sie besuchten alle Eliteuniversitäten, und so ging eins nach dem anderen aus dem Haus. Erst nachdem es im Haus still geworden war, fiel Priscilla richtig auf, daß Dean kaum je zu Hause war. Sie war so mit den Kindern beschäftigt gewesen, daß sie tatsächlich nicht gemerkt hatte, daß sie ihren Mann kaum mehr zu Gesicht bekam und daß sich ihre Wege nur noch selten kreuzten, was ihre Gefühle füreinander betraf. Priscilla hatte immer angenommen, daß ihnen beiden damit gedient war, wenn sie ganz in der Kindererziehung aufging.
Als sie Dean schließlich zu verstehen gab, wie einsam sie sich fühlte, erfuhr sie, daß er auf seinem ›Weg nach oben‹ laufend Affären gehabt hatte. Das nahm sie ganz entsetzlich mit. Sie hatte es nicht einmal gewagt, ihn auch nur zu

verdächtigen, und nun stellte sich heraus, daß er nicht nur keinen Anteil am Leben der Kinder genommen hatte, sondern daß er darüber hinaus gefühlsmäßig anderweitig auf seine Kosten gekommen war. Wahrscheinlich liebte er sie nicht einmal mehr.

Nach einer ganzen Reihe verzweifelter Rettungsversuche endete die Ehe nach zweiunddreißig Jahren vor dem Scheidungsrichter, nachdem auch Stellungswechsel, Umzüge und Therapien nichts geholfen hatten. Die Scheidung war für beide schmerzlich.

Mit der Zeit begriffen Dean und Priscilla, daß sie den Ehepartner so ausgewählt hatten, wie es der Tradition und den Vorstellungen der Eltern entsprochen hatte, anstatt mit der Partnerwahl die eigenen Vorstellungen zu realisieren. Emotionell hatten sie sich daher kaum etwas zu sagen. Beider Eltern hatten sie gelehrt, daß es bei der Wahl des Ehepartners vor allem darum ging, nicht mit der Familientradition zu brechen, und sie hatten die Instruktionen ihrer Eltern genauestens befolgt.

Deans Eltern hatten zum Beispiel von ihm erwartet, daß er nicht etwa eine Frau heiratete, die zu ihm paßte und ihm gefiel, sondern er sollte nach einer Mutter für seine Kinder Ausschau halten. »Laß dich nicht von Leidenschaften und Gefühlen leiten, Dean«, hatte ihm seine Mutter immer geraten. »Such dir eine Frau, die deinen Kindern eine gute Mutter ist, eine Frau, auf die du dich verlassen und mit der du dich auch nach Jahren noch sehen lassen kannst, weil sie etwas darstellt.« Seine ewigen Betrügereien sind im Grunde genommen Hilferufe gewesen. »Ich sitze in der Falle, denn ich lebe nicht so, wie ich es mir erträumt habe, sondern so, wie es den Vorstellungen anderer entspricht.«

Aus Priscilla hingegen war die hingebungsvolle Mutter geworden, die sie selbst nie gehabt hatte. Sie erkannte, daß sie ihre ganze Kraft in ihre Kinder investierte, weil sie selbst als Kind so unglücklich gewesen war. Ihre gefühlskalte Mutter hatte sie immer auf Distanz gehalten. Außerdem begriff sie, daß sie einen Mann geheiratet hatte, der zwar den Vorstellungen ihrer Eltern entsprach, was das Aussehen und den beruflichen Erfolg betraf, daß ihr Mann jedoch gar nicht den Wunsch gehabt hatte, ihr gefühlsmäßig nahezusein. Im Grunde genommen war Dean ebenso gefühlskalt gewesen wie ihre Mutter.

Dean und Priscilla sahen sich während ihrer Ehe erstaunlicherweise beide den Aufgaben gegenüber, erwachsen zu werden, sich zu verwirklichen und sich von ihren Eltern zu lösen. Vor und zum Teil auch noch während ihrer Ehe waren sie beide unfähig gewesen, Entscheidungen zu treffen, die wirklich ihren eigenen Bedürfnissen entsprachen. Als ihre Ehe in die Brüche ging, gingen ihnen ihre ureigenen Bedürfnisse erst so richtig auf. Erst durch die Scheidung nach 32 Ehejahren lösten sie sich endgültig von den Vorstellungen ihrer Eltern.

Dean und Priscilla heirateten zu einer Zeit, als die Traditionen und Wertvorstellungen der Eltern den eigenen Bedürfnissen und Wünschen gegenüber noch Vorrang hatten. Man kann sagen, daß sie noch nicht zu sich selbst gefunden hatten. Sie heirateten, bevor sie eigenständige Persönlichkeiten waren. Von einer eigenen Identität konnte noch keine Rede sein. Ihre Beziehung lehrte sie zumindest eins, wenn es auch eine schmerzliche Erkenntnis war: Es dämmerte ihnen, daß sie, jeder für sich genommen, ein Eigenleben hatten, welches der Partner respektieren mußte.

Dean mußte sich sagen, daß er seine künstlerischen Ambitionen sein Leben lang unterdrückt oder ihnen zumindest keinen Wert beigemessen hatte, also machte er noch mit über fünfzig Jahren seinen Magister Artium und wurde Professor für Kunsterziehung an einem College. Priscilla hatte sich jahrelang abgerackert, ohne daß ihre Arbeit entsprechend honoriert worden war. Sie hatte sich schon immer für Finanzfragen interessiert, den Wunsch jedoch unterdrückt, sich damit zu befassen. Mit 56 Jahren wurde sie Finanzberaterin und konnte es selbst kaum glauben. Geraume Zeit verstrich, beide erholten sich wieder von dem Scheidungsschock. Beide hatten umgesattelt und fühlten sich in ihren neuen Berufen ausgesprochen wohl. Irgendwann machten sie wieder Annäherungsversuche. Nachdem so viel Zeit vergangen war, stellte sich heraus, daß das Wohl der Kinder beiden sehr am Herzen lag. Nach langwierigen Verhandlungen, bei denen sie äußerst taktvoll zu Werke gehen mußten, beschlossen sie, daß sie sich beide gleichermaßen um die Kinder kümmern wollten, und einigten sich darauf, alle wichtigen Feiertage gemeinsam zu verbringen.

George und Barbara: ›Emotioneller Notstand‹

Barbara war eine 36jährige Witwe mit zwei Kindern. Sie hatte ihren Mann Nick, den Vizepräsidenten einer Bank, unbeschreiblich geliebt. Von einer glücklichen Kindheit konnte bei ihr keine Rede sein, denn ihre Eltern hatten sich immer extrem abweisend verhalten, und dank der seltsamen Arbeitsmoral ihres Vaters hatten sie oft nicht gewußt, wovon sie leben sollten. Deshalb war sie schon mit achtzehn Jahren von zu Hause fortgegangen und hatte selbst Geld verdient, um aufs College gehen zu können. Nach dem Collegeabschluß hatte sie in einer Bank gearbeitet und Nick dort im Sommer kennengelernt. Er hatte sich

sofort in sie verliebt. Sie verstanden sich so gut, daß sie schon an Weihnachten heirateten.
Barbara empfand ihre Ehe mit Nick als ›vollkommen‹, als ›ungetrübtes Glück‹. Er war in jeder Hinsicht der Mann ihrer Träume. Zum ersten Mal im Leben wurde sie von jemandem geliebt, und Geldsorgen brauchte sie auch nicht mehr zu haben. Nach ein paar Jahren wurde Barbara schwanger. Nick und sie freuten sich sehr auf ihr erstes Kind, dem dann auch noch ein zweites folgte. Barbara war so glücklich mit Nick, daß ihre Ehe sie überreichlich für ihre unglückliche Kindheit entschädigte. Nach neun Jahren Ehe kam Nick bei einem Flugzeugabsturz ums Leben. Barbara war völlig am Boden zerstört.
George war schon seit vielen Jahren mit Nick und Barbara befreundet gewesen. Er hatte oft mit Nick Handball gespielt. Auch als Junggselle hatte er schon ewig zu Nicks und Barbaras Freundeskreis gehört.
Als Nick umkam, war George fünfunddreißig Jahre alt, und niemand hatte ihn je groß beachtet. Als Junge war er in seiner Familie praktisch überhaupt nicht ins Gewicht gefallen, hatte immer die Rolle des ›guten Jungen‹ gespielt. Er hatte einen furchtbar schwierigen älteren Bruder, der ständig randalierte oder sonst irgendwelchen Ärger machte. Dadurch sahen die Eltern sich gezwungen, ihm mehr Aufmerksamkeit zu widmen als dem bequemen jüngeren Sohn, bei dem immer alles glattlief. Um überhaupt zu etwas nutze zu sein, hatte sich George in die Rolle des Vertrauten und Trösters der Mutter hineinmanövriert. Die Mätzchen und das ständige Theater des älteren Sohnes gingen der Mutter furchtbar an die Nieren. Zu allem Überfluß hatte sie auch noch das Gefühl, daß ihr Mann ganz in seiner Arbeit aufging. Daher brauchte sie ihren jüngeren Sohn George, wenn sie sich das auch niemals eingestand.

Jahrelang war George die personifizierte Rücksichtnahme gewesen, ohne selbst je in den Vordergrund zu treten, doch niemand, nicht einmal seine Mutter, hatte sich je lobend darüber geäußert oder das auch nur registriert. Weil niemand seine Bemühungen zu schätzen wußte, hatte er kein Selbstwertgefühl entwickeln können. Irgendwann sagte er sich schließlich, daß er eben niemandem etwas bedeutete. Nachdem Nick jedoch auf so tragische Weise ums Leben gekommen war, konnte sich George endlich wieder einmal nützlich machen. In ihrer Verzweiflung und Ratlosigkeit sah Barbara in George den rettenden Engel. »Er war wirklich ein Geschenk des Himmels, und er erschien genau zu dem Zeitpunkt, als ich ihn am meisten brauchte«, berichtete Barbara. »Ohne ihn hätte ich das alles gar nicht überstanden.« Er verhielt sich Barbara gegenüber so rücksichtsvoll und einfühlsam, daß sie sich etwas getröstet fühlte. George wohnte nicht weit von Barbara entfernt, und bald hatte es sich eingebürgert, daß er regelmäßig vorsprach, um nach ihr und den Kindern zu schauen. Sie gewöhnten sich so daran, daß sie sich richtig aufeinander freuten. Barbara begann ihn bald herbeizusehnen. »Ich konnte mir gar nicht mehr vorstellen, ihn zwischendurch mal einen Tag lang nicht zu sehen.« Und für ihn war die mit ihr verbrachte Zeit ohnehin » ... der Höhepunkt des Tages. Ich hatte das Gefühl, endlich heimzukommen.«
Durch den behutsamen Umgang miteinander konnte es nicht ausbleiben, daß sie irgendwann mehr füreinander empfanden als Freundschaft und sich ineinander verliebten. Sie gingen miteinander aus, und nach einem Jahr heirateten sie. Wenn ihre Ehe auch nicht die große Leidenschaft war und die sinnliche Erregung sich in Grenzen hielt, so tat sie Barbara und ihren beiden Kindern doch unendlich gut. Der Schmerz um ihren geliebten ersten Mann

ließ allmählich nach, und sie fühlte sich geborgen und getröstet. Barbara hielt sich für glücklich, und für das Nötigste war ja auch gesorgt. Trotzdem fehlte ihr natürlich etwas. »Ich wurde das vage Gefühl des Irrealen nicht los«, sagte sie.

Auch George war anfangs sehr glücklich. Er erlebte zum erstenmal, daß ein Mensch zu schätzen wußte, was er zu geben hatte. Das war natürlich Balsam für sein Selbstwertgefühl. Doch genau wie als Kind mußte er sich auch jetzt wieder sagen, daß er nur der Lückenbüßer war. Er hatte Nicks Platz zwar eingenommen, konnte ihn jedoch nicht ersetzen. Kaum waren sie verheiratet, da ging es schon sachte bergab, und ihre Beziehung verschlechterte sich zusehends.

Bevor George in ihr Leben getreten war, hatte Barbara befürchtet, sie könne nie wieder heiraten, nach Nicks Tod nie wieder einen anderen Mann lieben. Auch eine andere Sorge machte ihr sehr zu schaffen: Obwohl Nick Vorkehrungen getroffen hatte, damit sie nicht mittellos dastand, falls ihm etwas zustoßen sollte, befürchtete sie, die Kinder nicht ernähren zu können.

Dieser vordringlichen Sorge wurde sie jedoch durch die Ehe mit George enthoben, und bald zeigte es sich, daß Barbara auch noch sekundäre Bedürfnisse hatte, die es zu befriedigen galt. Sobald sie keine Geldsorgen mehr hatte, entdeckte sie, daß sie ihre Ambitionen, die ihr während der Trauerzeit nicht wichtig gewesen waren, nun doch gern in die Tat umsetzen wollte. So fiel ihr zum Beispiel wieder ein, daß sie während ihrer ersten Ehe Krankenschwester hatte werden wollen.

Auch George machte eine Wandlung durch. Nachdem er Barbara und ihre Kinder aus ihrer Misere errettet hatte und diese das auch sehr zu schätzen wußten, wollte auch er seine Fähigkeiten nicht weiter brachliegen lassen. Er besaß inzwischen genügend Selbstbewußtsein, um zu erwarten, daß auch er bei seinen Bestrebungen unterstützt werden würde. Er dachte daran, sich selbständig zu machen. Da Barbara wieder festen Boden unter den Füßen hatte, hoffte er, daß sie ihm beistehen würde, wenn er es mit Hilfe seines neugewonnenen Selbstvertrauens wagte, seinen Traum in die Tat umzusetzen.

Doch Barbara wollte davon absolut nichts wissen. Sie hatte George gebraucht, als es ihr furchtbar schlecht ging. Er war ihr als Fels in der Brandung erschienen. Nach Nicks Tod war er ihr einziger Halt gewesen, an ihm hatte sie sich festgeklammert. Doch nun, da sie einigermaßen wiederhergestellt war, wollte sie ihn keinesfalls unterstützen, sondern den Plan in die Tat umsetzen, den sie vor Nicks Tod schon gehabt hatte. Sie fühlte sich wieder so wohl und so gefestigt, daß sie gar nicht begriff, warum George sich so aufregte. Er hatte doch davon geträumt, ihr Held zu sein, oder etwa nicht? Wieso war er dann jetzt nicht mit ihr zufrieden?

George hatte inzwischen ›seine Hausaufgaben gemacht‹ und eine wichtige Entwicklungsphase abgeschlossen. Er wußte inzwischen, daß manche Menschen durchaus zu schätzen wußten, was er zu bieten hatte. Der nächste Schritt bestand für ihn darin, selbst Hilfe und Unterstützung zu fordern, das sagte ihm die Logik. Doch als er Barbara enthüllte, was ihm vorschwebte, mußte er feststellen, daß sie ganz andere Pläne hatte. Also gründete er – selbstbewußt, wie er inzwischen war – eine eigene Computerfirma und gab Barbara zu verstehen, daß er sich scheiden lassen wolle. Nach einem Jahr lernte er eine Frau kennen, die so beeindruckt war von seiner Verve und seinem Unternehmungsgeist, daß sie gern bereit war, ihn in jeder Hinsicht zu unterstützen.

Heißt das, daß Barbaras und Georges Ehe eine Fehlentscheidung war? Nein, durchaus nicht. Für beide bedeutete diese Ehe Weiterentwicklung und Neubeginn. Barbara erholte sich dadurch von dem niederschmetternden Schlag, Nicks Tod verkraften zu müssen, und fing noch einmal ganz von vorn an, bis sie sich und ihre Kinder ernähren konnte. Sie wurde tatsächlich Krankenschwester und heiratete noch einmal. George lernte aus dieser Ehe, daß es nicht genügt, immer nur Rettungsanker für andere zu sein und wieder Ordnung in das Gefühlschaos anderer zu bringen, sondern zur Abwechslung auch selbst einmal Nutznießer zu sein.
Weder Barbara noch George hatten sich klargemacht, daß die Ehe kein Rettungsanker ist, daß so eine Beziehung einen Daseinszweck und ein Eigenleben haben muß. Aus der Ehe wird erst eine lebensfähige Verbindung, wenn sie Substanz hat, in sich ruht und aus sich selbst schöpft, wenn sie stichhaltig ist. In gewissem Sinne kann man sagen, daß die Zeit vor ihrer Ehe, als George um Barbara warb, weit eher als echte Beziehung gelten kann. In der Zeit vor ihrer Ehe konnten sie nämlich die Erfahrung machen, daß jeder dem anderen geben konnte und selbst empfing, was er am dringendsten brauchte. Sobald sie aber verheiratet waren, erübrigte sich das, und es zeigte sich, wie verschieden sie waren. Es stellte sich heraus, daß ihre Ehe gar nicht halten konnte, weil sie eigentlich kaum etwas miteinander verband.
Aber das Ende der Beziehung kann man durchaus als positiv bezeichnen. Beide demonstrierten ihren guten Willen und gelangten zu der Einsicht, daß sie im Grunde genommen nicht zusammenpaßten. Jeder war dem anderen geradezu rührend dankbar für die Hilfe, die der Partner ihm gewährt, und für alles, was er ihm gegeben hatte. Barbara

war von ihrem Trauma geheilt, und von einer finanziellen Notlage konnte nun nicht mehr die Rede sein. Daß ihr George geholfen hatte, kam ihm nicht nur bei der Selbstfindung zugute, er wurde sich auch seiner Stärken und Fähigkeiten bewußt. Dankbar ging jeder seiner Wege, ohne groß Tränen zu vergießen, und sie sind auch heute noch die besten Freunde.

Ted und Laura: ›Die lange Lehrzeit‹

Ted war ein renommierter Regisseur und lebte in New York, und Laura versprach eine gute Schauspielerin zu werden. Sie lernten sich beim Sommertheaterworkshop kennen, wo Ted schon seit Jahren Meisterklassen unterrichtete. Ted hatte schon eine ganze Reihe von Beziehungen hinter sich gebracht, die eigentlich alle ganz befriedigend gewesen waren, doch mit fast vierzig Jahren wollte er gern heiraten. »Ich brauchte endlich einen Halt, mir schwebte eine feste Bindung vor. Bei einer Ehe setzte ich das voraus. Ich war davon überzeugt, daß ich mich verheirateterweise noch gezielter dem Regieführen widmen könnte.«

Die meisten seiner früheren Partnerinnen hatten ebenfalls mit Kunst zu tun gehabt – so z.B. eine Tänzerin und Choreographin, eine Malerin, eine Graphikerin und eine Verlegerin. Er war sich ganz sicher, daß ihm am besten mit einer Partnerin gedient wäre, die sich ebenso wie er fürs Theater interessierte. Nach seinem Vorleben glaubte er, genügend Erfahrung zu besitzen, um auf Anhieb zu erkennen, welche Frau sowohl physisch als auch intellektuell, emotionell und sexuell am besten zu ihm paßte.

Als er Laura beim Workshop kennenlernte, war er gleich

sehr angetan von ihr. Für solche Rubens-Figuren hatte er schon immer eine Schwäche gehabt, und auch geistig schienen sie sich auf geradezu ideale Weise zu ergänzen. Laura war sehr belesen und machte den Eindruck, als könne man sich mit ihr über jedes Thema unterhalten. Sie war offenbar eine hochbegabte Schauspielerin, wenn auch noch ziemlich unbekannt. Ted stellte verwundert fest, daß es ihn reizte, sie zu fördern.

Laura sah in Ted einen »distinguierten, dynamischen und erfolgreichen Mann – einen Profi, der mir sämtliche handwerklichen Tricks und alles andere beibringen konnte, worauf es bei einer Schauspielerin ankommt«. Es war ihr ein ausgesprochener Trost, daß er beruflich unschlagbar war und sich schon längst einen Namen gemacht hatte. Wenn sie auch ganz in ihrem Beruf aufging, so nagte doch zuweilen die Furcht an ihr, daß sie es ohne fachmännischen Rat vielleicht nicht sehr weit bringen würde. Nachdem sie sich beim Sommerworkshop kennengelernt hatten, ergab es sich, daß sie immer wieder beruflich miteinander zu tun hatten. Irgendwann entdeckte sie auch noch, daß sie sexuell geradezu sensationell gut zusammenpaßten und sich in geistiger Hinsicht viel zu sagen hatten. Sie gingen ein paar Monate zusammen auf Tournee, lebten danach ein paar Monate zusammen und heirateten schließlich.

Nachdem sie ein Haus in Connecticut erstanden hatten, ließen sie sich dort nieder. Ted betätigte sich noch mehr als Regisseur und unterwies Laura mit fester Hand. Unter seiner hervorragenden Regie und Leitung machte sie sich als Schauspielerin bald einen Namen. Ungefähr zwölf Jahre gingen beide in ihrem Beruf auf und ergänzten sich in jeder Hinsicht prächtig. Obwohl Lauras eigener Beruf sie immer mehr in Anspruch nahm, spielte Ted auch weiterhin

die wichtigste Rolle in ihrem Leben, und sie ordnete sich ihm unter, ohne groß darüber nachzudenken.
Doch als Laura dann auf die Vierzig zuging, sagte sie sich, daß sie eine ganze Reihe von Rollen noch nicht gespielt hatte, die für ihre berufliche Laufbahn überaus wichtig waren. Da beschloß sie, sich mehr als bisher auf ihren Beruf zu konzentrieren.
Immer wenn sie berufliche Erfolge zu verzeichnen hatte oder auf Tournee ging, machte das Ted sehr zu schaffen. Sie fehlte ihm dann ganz entsetzlich, er war verzweifelt und enttäuscht. Er selbst hatte sie zwar bewußt gefördert und erst zu dem gemacht, was sie jetzt war, doch hatte er sich unbewußt darauf verlassen, daß sie vor allem seine ›Ehefrau‹ sein würde. Als sie sich jedoch unter seiner meisterhaften Anleitung zu einer immer besseren Schauspielerin entwickelte, war er todunglücklich. Während er sich schrecklich nach ihr sehnte, wenn sie fort war, hatte sie immer deutlicher das Gefühl, daß sie entschieden mehr tun mußte, um beruflich nicht ins Hintertreffen zu geraten.
Als Laura durchblicken ließ, was sie beschäftigte, fühlte sich Ted bedroht und zeigte sich sehr ungehalten. Er hatte ja bereits erreicht, was man in seinem Beruf erreichen konnte. Nun wollte er die Früchte seiner Arbeit genießen – und zwar gemeinsam mit Laura. Er fand, es sei allmählich an der Zeit, daß sie ihren Beruf aufgab (für eine so großartige Schauspielerin hielt er sie nun auch wieder nicht). Sein Ruhm hatte ihm allerhand eingebracht, und davon konnten sie sich jetzt ein schönes Leben machen. Er erwarb ein großes neues Haus in Bel Air, mit dem er Laura überraschen wollte. Als Regisseur liebte er solche hochdramatischen Gesten. In diesem palastartigen Haus wollte er mit Laura noch einmal Flitterwochen machen, doch Laura freute sich kein bißchen – im Gegenteil. Sie kam sich wie

eine Gefangene vor. Das häusliche Leben bzw. das Hausfrauendasein reizte sie nicht im geringsten, dafür konnte sie sich einfach nicht erwärmen. Sie war mit Leib und Seele Schauspielerin, hatte aber das deutliche Gefühl, daß ihr nicht mehr viel Zeit blieb. Sie wollte nicht alt werden und abtreten müssen, ohne in der Welt des Theaters einen bleibenden Eindruck hinterlassen zu haben.

Mit dem Mut der Verzweiflung bewarb sie sich eigenmächtig um eine Rolle, mit der ein halbes Jahr Tournee verbunden war. Als sie die Rolle nach dem Vorsprechen bzw. Vorspielen tatsächlich bekam, verlor Ted die Beherrschung. Wie sollte er ohne seine Gefährtin zurechtkommen, die Stütze seines Selbstbewußtseins? Durch diesen eigenmächtigen, selbstsüchtigen Schritt fühlte er sich von Laura im Stich gelassen. Er hatte ja gar nichts dagegen einzuwenden, daß Laura einen Beruf hatte, solange sie ihm auch noch eine gute Frau war. Als sie die Schauspielerei jedoch immer ernster nahm, bis sie schließlich ganz darin aufzugehen drohte, weigerte sich Ted, ihr weiter beizustehen und sie zu fördern.

Doch seine Rolle als ihr Mentor erübrigte sich inzwischen mehr oder weniger. Laura bewunderte Ted nicht mehr so über alle Maßen und war auch nicht mehr bereit, immer nur die zweite Geige zu spielen. Das ertrug Ted nicht, er wurde ausfallend und beleidigend. Er war unerträglich, machte Laura ständig Vorwürfe und forderte sein Recht, oder was er dafür hielt. Ein paarmal schlug er sie sogar. Ständig hielt er ihr vor, was sie früher alles für ihn getan hatte und jetzt nicht mehr tat. Laura war durch seine Vorwürfe, Beleidigungen und seine Unzufriedenheit verletzt. Monatelang stritten sie sich so fürchterlich, daß sie sich fragten, was sie jemals so für den Partner eingenommen hatte. Die Auseinandersetzungen nahmen erschreckende

Formen an, die erkennen ließen, daß die Ehe nicht mehr zu retten war. Da Ted und Laura nichts mehr verband, ließen sie sich scheiden.

Sowohl Ted als auch Laura hatten die von ihnen angestrebten Entwicklungsphasen abgeschlossen. Da sie sich nichts mehr zu sagen hatten, mußten sie sich trennen, um sich weiterentwickeln zu können. Sie hatten aus triftigen Gründen geheiratet, ohne sich dessen so richtig bewußt zu sein. Laura strebte ein ganz bestimmtes Ziel an – ihr ging es in erster Linie darum, sich als Schauspielerin einen Namen zu machen. Dank Teds tatkräftiger Hilfe erreichte sie ihr Ziel und wurde eine renommierte Schauspielerin. Doch unterschwellig machte sie auch noch eine andere Entwicklung durch. Wenn sie sich auch für ihren Beruf und gegen Kinder entschieden hatte, so drängte es sie doch, ihren mütterlichen Gefühlen Ausdruck zu verleihen. Ted war tief im Innern verunsichert, und damit war sie bei ihm genau an der richtigen Adresse. Da er auf der Suche nach einer Lebensgefährtin war, weil er jemanden brauchte, der ganz für ihn da war, hegte, pflegte und bewunderte sie ihn, weil sie dadurch ihre mütterlichen Gefühle ausleben konnte.

Ted übernahm die Rolle des Mentors. Er wollte in jeder Beziehung die erste Geige spielen und derjenige sein, um den sich alles drehte. Seine überaus ehrgeizige Mutter wollte sich beruflich profilieren und ließ ihn mit drei Jahren schon im Stich, was sein Selbstwertgefühl natürlich nicht gerade stärkte. Er schaffte Abhilfe, indem er sich zu einem überaus fähigen Regisseur entwickelte und in der Ehe alles, was er sich angeeignet hatte, an Laura weitergab. Zum Dank dafür gab sie ihm das Gefühl, daß sie ihn brauchte. Er war der Fachmann, auf den sie bauen konnte. Sie vergalt ihm seine Bemühungen mit Hingabe und Bewunderung.

Als ihre Beziehung scheiterte, hatte Laura ihre Entwicklungsphase abgeschlossen, ihren Mutterinstinkt ausgelebt und ihren Mann verhätschelt. Nun konnte der Lebensabschnitt beginnen, in dem der Beruf an erster Stelle stand. Bei Ted konnte man nicht so eindeutig sagen, daß er seine Entwicklungsphase abgeschlossen hatte, als die Beziehung in die Brüche ging. Bei der Scheidung war er eigentlich noch immer auf Laura angewiesen, wenn er sich das auch nicht eingestand, weil er sich darüber noch keine Rechenschaft abgelegt hatte. Er mußte sich entweder eine andere Frau suchen, die Balsam für sein Ego war, oder sich bereitfinden, die Pflege und das Verwöhntwerden, das ihm Laura hatte angedeihen lassen, in das Bild zu integrieren, das er sich von sich selber machte. Dadurch würde sich seine nächste Beziehung demokratischer gestalten.

Bill und Rosie: ›Jemand anders würde mich ja sowieso nicht wollen.‹

Bill war von seiner Mutter schon in sehr jungen Jahren im Stich gelassen worden. Sie war als Showgirl viel unterwegs gewesen und hatte es nicht weit gebracht. Außerdem hatte sie entschieden mehr getrunken, als ihr guttat. Über Bills Geburt war sie ganz und gar nicht froh. Als er auf der Bildfläche erschien, hätte sie nicht einmal sagen können, wer sein Vater war. Eins wußte sie jedoch mit Sicherheit: Hätte sie ihn ungestraft wieder verschwinden lassen können, so hätte sie das ganz gewiß getan. Er war ein Klotz am Bein, sie lastete ihm an, daß sie mit ihm nicht mehr das gleiche Lotterleben führen konnte wie vor seiner Geburt. Als Bill etwas über ein Jahr alt war, überließ sie ihn kurzerhand ihrem Bruder und seiner Frau, die in Ohio eine Farm besaßen. Bill gefiel es bei seinem Onkel und seiner Tante. Vor allem seinen Onkel mochte er sehr. Der hatte sich schon immer einen Sohn gewünscht und war entzückt von Bill – um so mehr, als seine Frau noch keinen Erben zur Welt gebracht hatte. Leider war er so ungemein begeistert von dem kleinen Jungen, daß Bills Tante eifersüchtig wurde. »Du kümmerst dich nur um den Kleinen, ich bin dir völlig wurscht«, beklagte sie sich. Mit der Zeit legte sie sich eine ganze Reihe von Leiden zu, die es ihr leider unmöglich machten, für den kleinen Bill zu sorgen. Mit sechs Jahren wurde er zum erstenmal an Pflegeeltern abgeschoben, denen noch viele andere folgten. Dort lernte der Junge, immer mit dem Schlimmsten zu rechnen und sich nichts zu erhoffen.

Mit achtzehn Jahren ging er zu den Marines, dann war er für eine Firma tätig, die Bäume beschnitt und stutzte. Er zog zu einem Kollegen, der im Scherz sagte: »Du kannst zu mir ziehen, aber nur, wenn du mir versprichst, einmal mit meiner unattraktiven Schwester auszugehen.«

Rosie, die Schwester des Kollegen, war wirklich nicht gerade eine Schönheit. Aber wie so manches andere Mauerblümchen, glich sie dieses Defizit durch ihr nettes Wesen aus. Sie war rücksichtsvoll, zuvorkommend und liebenswürdig. Außerdem wußte Bill ihre Intelligenz zu schätzen.

Daß Rosie so hoffnungslos hausbacken aussah, hatte sie schon immer sehr bedrückt. Ihre Mutter war ständig gnadenlos über sie hergezogen, denn aufgrund ihres übersteigerten Selbstbewußtseins ertrug sie das unscheinbare Aussehen ihrer Tochter nur sehr schwer, weil sie sich sagte, daß dieses ja auf sie selbst übertragen werden konnte. Anstatt Rosie um ihrer besonderen Fähigkeiten willen zu bewundern, hackte sie ständig auf ihr herum, hielt ihr vor, wie furchtbar sie aussehe, wie plump sie sich bewege, wie bäurisch ihre Manieren seien und was für einen entsetzlichen Geschmack sie habe. Ihre Mutter hielt ihr auch stets vor Au-

gen, was für ein Glück es für Rosie sei, daß sie Verstand besitze, denn einen Mann würde sie bestimmt nie finden.
Rosie konnte es daher kaum fassen, daß Bill sie ins Kino einlud. »Ich war sprachlos und wußte gar nicht, wie ich mich benehmen sollte. Wahrscheinlich glaubte ich meiner Mutter, was sie mir immer wieder vorhielt. Ich hatte die Hoffnung wohl schon aufgegeben, daß je ein Mann mit mir ausgehen würde.« Das wirklich Erstaunliche aber war, daß Bill und Rosie feststellten, daß sie viel gemeinsam hatten. Sie hatten beide völlig isoliert gelebt und waren dadurch zu Bücherwürmern geworden. Es gab viele Bücher, die sie beide kannten. Beide liebten die Natur, und da die Kindheit beider nicht gerade rosig verlaufen war, sehnten sie sich beide nach eigenen Kindern.
Rosie war so glücklich darüber, daß doch noch ein Mann in ihr Leben getreten war, daß sie zum erstenmal im Leben so etwas wie ein Selbstwertgefühl entwickelte. Natürlich hielt sie sich auch jetzt noch nicht für hübsch, doch sie fand, daß sie eines Mannes würdig sei.
Bill war so erleichtert, daß ihn endlich einmal jemand akzeptierte und nicht an irgendwelche anderen Leute abschob, daß ihm vor lauter Begeisterung bald nicht mehr auffiel, wie unscheinbar Rosie aussah. Nachdem sie kurze Zeit miteinander gegangen waren, heirateten sie.
Rosie nahm eine Stellung als Sekretärin an, und Bill arbeitete auch weiterhin in der Landschaftsgärtnerei, in der er Rosies Bruder kennengelernt hatte. Nach einem Jahr konnten sie sich ein eigenes Haus leisten. Rosies Mutter griff ihnen dabei unter die Arme. Zwei Jahre später kam ihr erstes Kind zur Welt, ein Mädchen. Rosie gab ihren Beruf auf, um das Baby zu versorgen, und nach zwei Jahren bekamen Bill und Rosie Zwillinge, zwei Söhne.
Da Rosie so an ihm hing und ihm so dankbar war, weil er sie

zur Frau genommen hatte, entwickelte Bill ein so starkes Selbstbewußtsein, daß er beschloß, sich nach einer Stellung umzusehen, die ihm wirklich liegen würde. Und er verdankte es auch Rosies Anteilnahme und Unterstützung, daß er so gute Arbeit leistete, daß ihm nicht gekündigt wurde, auch in der nächsten Stellung nicht. Das war etwas völlig Neues für ihn, denn sein bisheriges Berufsleben hatte ihn gelehrt, daß er nirgends lange blieb, wo er auch immer tätig gewesen war.

Durch die Ehe entwickelte auch Rosie Selbstbewußtsein. Endlich fühlte sie sich als vollwertige Frau. Sie war nicht nur Bill sehr dankbar dafür, daß er sie anerkannte, sondern auch ihren Kindern. Auch durch die Mutterrolle sah sie sich als Frau bestätigt. Sie liebte ihre Kinder abgöttisch.

Beide hatten auf Grund ihrer trüben Erfahrungen nichts mehr vom Leben erwartet, doch nun fühlten sie sich zu ihrer großen Verwunderung nicht mehr als Außenseiter der Gesellschaft. Endlich führten auch sie ein menschenwürdiges Leben innerhalb der menschlichen Gesellschaft.

Im Lauf der Zeit widmete sich Rosie immer intensiver ihren Kindern, doch die vielen Stunden, die sie allein mit ihnen zu Hause verbrachte, führten irgendwann dazu, daß sie zu trinken anfing. Wenn sie trank, redete sie sich ein, daß Bill sich nichts mehr aus ihr und den Kindern machte. Sie erwies sich als unglaublich einfallsreich, wenn es darum ging, die Beziehung zu unterminieren. Sie beschuldigte Bill, auf Parties mit anderen Frauen zu flirten und sie zu betrügen. Wenn sie getrunken hatte, war sie von dieser fixen Idee regelrecht besessen. Dann machte sie Bill Vorwürfe, und er stritt alles ab. Keine Spur mehr davon, daß sie sich einmal so gut verstanden hatten. Rosie zerstörte systematisch alles, was ihr gemeinsames Leben einmal so schön gemacht hatte. Bill machte sich große Sorgen wegen Rosies Trunksucht, kam sich vernachlässigt vor und fühlte sich schließlich so im Stich gelassen, daß er Rosie tatsächlich mit einer anderen Frau betrog. Monatelang zermürbte ihn Rosie mit ihren erbarmungslosen Vorhaltungen, die stark an das Verhalten ihrer Mutter erinnerten. Da gab Bill schließlich zu, daß er Rosie betrogen hatte. Rosie schüttete daraufhin an Alkohol in sich hinein, was sie erwischen konnte. Da machte sich Bill zum erstenmal so richtig klar, daß er mit einer Alkoholikerin verheiratet war. Wahrscheinlich hatte sie auch schon früher einen Hang zum Trinken gehabt, es war ihm nur nicht aufgefallen. Er flehte Rosie immer wieder an, eine Entziehungskur zu machen. Als daraus nichts wurde, weil sie sich gar nicht ändern wollte, reichte Bill die Scheidung ein.

In dieser Beziehung ging es sowohl bei Bill als auch bei Rosie darum, Selbstwertgefühl zu entwickeln. Wenn Rosie da auch nicht mit Bill Schritt halten konnte, so machte sie doch immerhin Fortschritte. Von einem Mangel an Selbstbewußtsein konnte nicht mehr unbedingt die Rede sein, und sie fühlte sich zum erstenmal als Frau für voll genommen. Während der Ehe mit Bill brachte sie drei Kinder zur Welt. Eine ganze Weile liebte sie ihre Kinder sehr, und die Kinder liebten sie. Hätte sie nicht durch ihre Trunksucht alles zunichte gemacht, wäre ihre Selbstachtung nach der Scheidung vermutlich viel stärker ausgeprägt gewesen als zu Beginn der Beziehung.

Für Bill war die Ehe ein Heilungsprozeß. Es traf ihn sehr, daß es zur Scheidung kommen mußte. Sein Lernprozeß beinhaltete ja, daß er endlich jemanden hatte, der zu ihm hielt und zu ihm gehörte, und zwar weil er es verdiente, ein Zuhause, eine Frau und Kinder zu haben. Eine Weile hatte er dieses Gefühl tatsächlich gehabt.

Rosie gelang es während ihrer Ehe nicht, ihr mit Füßen getretenes Selbstbewußtsein wiederaufzurichten, obwohl Bill sie wirklich liebte und ihre Fähigkeiten zu schätzen wußte. Rosie war so davon überzeugt, daß sie häßlich war, daß Bill sie nicht davon abbringen konnte, wie sehr er sie auch lobte und ganz gleich, wieviel Freude er an ihr hatte. Je mehr berufliche Erfolge Bill zu verzeichnen hatte, desto mehr kam er mit sich ins reine. Sein wachsendes Selbstvertrauen trieb ihn dazu, sich an immer schwierigere Aufgaben heranzuwagen. Der Erfolg war, daß sich Rosie wieder unzulänglich vorkam. Da er seinen Weg in einer Welt machte, für die sie ihrer Meinung nach zu unscheinbar und gewöhnlich war, hielt sie die Mutterrolle für die einzige ihr angemessene. Folglich entzog sie Bill ihre Liebe und ging ganz in ihren Kindern auf, doch das Gefühl der Unzulänglichkeit machte sie zur Alkoholikerin. Sie malte sich aus, daß Bill Affären mit anderen Frauen hätte. Für sie bestätigte sich damit die eingefleischte Theorie, daß sie es nicht wert war, sich mit ihr abzugeben. Da sie sich nicht von dieser fixen Idee abbringen ließ, bewahrheitete sie sich schließlich. Rosie und Bill trennten sich. Dadurch sah sie die These bestätigt, daß sie von Glück sagen konnte, überhaupt einen Mann abbekommen zu haben. Das hatte ihr ihre Mutter ja schon immer unter die Nase gerieben. Deshalb hielt sie es auch für überflüssig, sich in therapeutische Behandlung zu begeben.

In der Therapie wurde Bill klar, daß er eine Frau geheiratet hatte, die genau wie seine Mutter zur Trunksucht neigte. Er erkannte jedoch nicht nur diese tragischen Parallelen, sondern sah sie im Zusammenhang mit all dem Schönen und Wertvollen, das ihm die Ehe mit Rosie beschert hatte. Und wenn Rosie unfähig war, sich zu akzeptieren, so war das ihr Problem, konnte er sich nach einer Weile sagen. Er hatte sie wirklich geliebt und war fest entschlossen gewesen, sein

Leben mit ihr zu teilen, und zwar bis ans Ende seiner Tage. Er besaß jetzt genügend Selbstbewußtsein. Damit war die Entwicklungsphase für ihn abgeschlossen, und er hielt sich für einen annehmbaren Menschen. Mit achtunddreißig Jahren schrieb er sich als Erstsemester an einem College ein. Wie durch ein Wunder eröffnete sich ihm eine völlig neue Welt.

Rosie hingegen ging aus dem Schlamassel keineswegs gereift und geläutert hervor. Anstatt Bills Liebe und Hochachtung als Geschenk zu akzeptieren, das sich auf das Selbstvertrauen auswirkt, geriet Rosie wieder in das alte Fahrwasser und griff auf die verwerfliche Meinung ihrer Mutter zurück, die rein gar nichts von ihr hielt. Sie hielt sich selbst für unwürdig, und zwar in jeder Hinsicht. Sie nahm nicht an, was ihr in der Beziehung als Geschenk zuteil geworden war. Anstatt daran zu wachsen, erreichte sie es, daß die Ehe vor dem Scheidungsrichter endete. Verbittert und allein blieb sie zurück, ohne etwas daraus gelernt zu haben und ohne daß sich ein Heilungsprozeß vollzogen hätte.

Tom und Margaret: ›Die zweite Jugend‹

Margaret verdiente als Maklerin so gut, daß sie finanziell unabhängig war. Schon als Kind hatte sie sich immer nur um andere kümmern müssen. »Meine Mutter besaß die Frechheit zu sterben, als ich zehn war«, pflegte Margaret zu erzählen. Margaret fiel die undankbare Aufgabe zu, für ihre sechs jüngeren Geschwister zu sorgen und die Mutter zu vertreten. Als Erwachsene finanzierte sie erst ihrem Mann das Studium und kam dann für ihre eigene Ausbildung zur Röntgenologin auf. Mit über vierzig Jahren ließ sie sich

dann scheiden, wechselte den Beruf und nahm sich mit über fünfzig Jahren vor, endlich einmal etwas für sich selbst zu tun und ihre Jugend nachzuholen.
Da ließ sie sich mit Tom ein, einem Mann Ende zwanzig. Tom, ein blonder, sportlicher und ungeheuer attraktiver Mann, hatte reiche Eltern, die ihm jeden Wunsch erfüllten. Margaret fühlte sich sehr geschmeichelt, weil er sich für sie interessierte. Sie fand ihn unwiderstehlich, da er so völlig ungeniert hinter ihr her war.
Tom war ein Surfer, der nur seinem Vergnügen nachging. Er verstand es, sich die Zeit ohne Arbeit zu vertreiben, kannte unzählige Methoden, sich zu entspannen, und wollte sie Margaret auch gern alle beibringen. Er ging z. B. mit ihr tanzen und zum Rollschuhfahren. Er vergnügte sich mit ihr am Strand, und Margaret gewöhnte sich bald so sehr an das sorgenfreie Leben, daß sie ihn mit auf eine Reise nach Ägypten nahm, welche sie als Preis für den Verkauf von Liegenschaften gewonnen hatte.
Sie machten sich Gedanken über den großen Altersunterschied. »Wahrscheinlich habe ich in Wahrheit ein Verhältnis mit meiner Mutter«, meinte Tom, aber in Wahrheit verhielt sich Margaret Tom gegenüber eher wie ein Vater. Weil sie schon in so jungen Jahren die Bürde der Verantwortung getragen hatte, sah sie sich gezwungen, jahrelang Unglaubliches zu leisten. Daher kannte sie sich auch hervorragend in Dingen aus, die in unserem Kulturkreis als Männersache gelten. Sie war ungeheuer tüchtig, wußte, wie wichtig die Arbeit war, hatte bestimmte Ziele und Pläne für die Zukunft. Toms Eltern hingegen hatten es versäumt, Tom darin zu unterweisen, wie man seine Ziele erreicht. Er lebte daher völlig ziellos in den Tag hinein.
Während Margaret Tom beim Erwachsenwerden half, unterwies Tom sie in der Kunst, ein Kind zu sein. »Nicht er-

wachsen werden, sondern sozusagen den Rückweg in die Kindheit oder Jugend antreten«, drückte Margaret das aus. »Ich wäre nie darauf gekommen, daß das Leben nicht nur aus Arbeit und Pflichten besteht, daß man sich auch Zeit nehmen muß, um sich einfach zu amüsieren. Meine bisherige Devise war gewesen: ›Leben ist gleich Arbeit‹. Tom hat mir beigebracht, einfach nur herumzugammeln und das Nichtstun zu genießen. Ich hatte das immer für Zeitverschwendung gehalten, doch dank Tom erschien es mir auf einmal legitim. Mit 54 Jahren holte ich endlich meine Jugend nach und fand es wunderschön und wichtig, kostbare Zeit zu verschwenden.«

Aber woran scheiterte diese verspielte Beziehung? Margaret war doch glücklich und genoß die sorglose Zeit mit Tom. Irgendwann erreichte Margaret den Punkt, an dem sie sich doch lieber wieder aufs Erwachsensein verlegen wollte. Den Erwachsenen öffnen sich vielfältigere Möglichkeiten, und alle Jugendlichen bekommen diese sorglose Jugend bar jeder Verantwortung irgendwann einmal satt. »Eines Tages hatte ich das Gefühl, daß es jetzt reicht«, erklärte sie. »Ich wollte weiterkommen. Mir schwebte vor, mich als Maklerin auch mit ausländischen Objekten zu befassen. Ich hatte keine Lust mehr, den ganzen Tag am Strand zu liegen. Außerdem mußte ich der Tatsache ins Auge sehen, daß zwischen uns ein großer, wirklich ein riesengroßer Altersunterschied bestand. Das konnte auf Dauer gar nicht gutgehen. Es wird nicht mehr allzu lange dauern, dann bin ich 60, und er ist dann erst etwa halb so alt. Ich spürte das Alter schon an allen Ecken und Enden und brauchte ja außerdem nur in den Spiegel zu sehen. So konnte es nicht weitergehen, ich mußte mich dazu durchringen, einen Schlußstrich unter diese aussichtslose Affäre zu ziehen.«

Tom fand sich nur widerstrebend dazu bereit. Für ihn stand die Bewältigung der Kindheit noch auf ziemlich wackligen Beinen, als Margaret sich entschied, mit ihm Schluß zu machen. »Wer will denn schon erwachsen werden?« sagte er. »Ich hätte noch jahrelang so weiterleben können.« Doch ihm wurde durch die Trennung von Margaret etwas von unschätzbarem Wert zuteil. »Als Margaret mich verließ, blieb mir gar nichts anderes übrig, als erwachsen zu werden, und auf Grund der mit ihr verbrachten Zeit gelang mir das auch wirklich. Ich hatte schon immer Anwalt werden wollen. Margaret hatte immer den Eindruck erweckt, als sei Arbeit etwas lächerlich Einfaches. Daher war ich nun endlich bereit, die Zeit, Energie und Disziplin aufzubringen, die mich das kosten würde und ohne die ich mein Berufsziel nicht erreichen konnte. Bevor ich Margaret kannte, konnte ich mir gar nicht vorstellen, daß ich irgend etwas Vernünftiges zuwege bringen, geschweige denn Erfolg haben könnte. Als Margaret mich verließ, war das eine Katastrophe für mich, ich war völlig am Boden zerstört, doch im Grunde genommen hätte mir gar nichts Besseres passieren können.«

Sowohl Tom als auch Margaret haben während ihrer Beziehung je eine Entwicklungsstufe hinter sich gebracht, die ihnen noch gefehlt hatte. Tom lernte von Margaret, daß Arbeit ein wichtiger und nutzbringender Bestandteil des Lebens ist, und Margaret konnte an seiner Seite endlich ihre Jugend nachholen, eine herrlich sorglose, verspielte Zeit, die sie nie erlebt hatte, weil sie schon so früh hatte erwachsen werden müssen.

Der Altersunterschied zwischen Tom und Margaret ist die Umkehrung des gewohnten Bildes, denn bei einem solchen Altersunterschied ist zumeist der Mann der Ältere und seine Partnerin bedeutend jünger. Doch inzwischen genießen die Frauen entschieden mehr Rechte als früher und unterhalten deshalb zuweilen Beziehungen zu sehr viel jüngeren Männern. Es spielt jedoch keine Rolle, ob der ältere Partner ein Mann oder eine Frau ist, wichtig ist an einer derartigen Beziehung lediglich, daß er während dieser Zeit meistens einen Lebensabschnitt nachholt, den er früher nicht richtig ausleben konnte oder ganz entbehren mußte.

Sharon und Harold: ›Die Zweckgemeinschaft‹

Sharon und Harold lernten sich am Ende ihres Architekturstudiums an der UCLA, der Universität von Kalifornien in Los Angelos, kennen. Beide waren unglaublich kreativ und ehrgeizig und dachten nicht daran, in einem großen Architekturbüro zu arbeiten, doch der Gedanke, sich gleich selbständig zu machen, behagte ihnen auch nicht. Zumindest wollte sich nicht jeder gleich für sich als freier Architekt versuchen. Daher beschlossen sie, ihr Geld in einen Topf zu werfen und es gemeinsam zu versuchen. Unter diesen Umständen erschien es ihnen nicht mehr ganz so schwer, in dieser sehr schwierigen Branche Fuß zu fassen. Da sie bei diesem Unterfangen auch gefühlsmäßig engagiert waren, verliebten sie sich schließlich ineinander.

»Anfänglich fühlte ich mich sexuell eigentlich gar nicht so stark zu Harold hingezogen«, erzählte Sharon später. »Aber als es beruflich steil bergauf ging, führte ich das darauf zurück, daß ich mich mit ihm zusammengetan hatte und fühlte mich immer stärker zu ihm hingezogen. Er besaß genau die Eigenschaften, die mir imponierten – Mut und Unternehmungsgeist. Dieser energiegeladene Mensch riß mich einfach mit, und genaugenommen fand ich ihn unwiderstehlich, weil ich wußte, daß er mir dazu verhelfen konnte, beruflich zu erreichen, was ich mir vorgenommen hatte.«

Sowohl Harold als auch Sharon waren geschieden und kinderlos. Sie beschlossen, diesmal nicht zu heiraten, sondern einfach so zusammenzuleben, denn sie sahen die Beziehung in einer neuen Dimension. Allerdings erstanden sie gemeinsam ein Lagerhaus, das sie renovierten und in dem sie eine Wohnung sowie Büroräume einrichteten.

Während der ersten beiden gemeinsamen Jahre investierten sie viel Zeit und Energie in den Umbau des Lagerhauses und nahmen alle Aufträge an, die sich ihnen boten. Sie waren oft erschöpft, am Ende ihrer Kraft. Auch um ihre Finanzen stand es oft alles andere als gut. Das belastete Harold so, daß er oft die Geduld verlor. Aber nach anderthalb Jahren entsprach das Lagerhaus endlich ihren Vorstellungen, auch geschäftlich ließ sich alles recht gut an, und sie vertrugen sich viel besser. Als sie zwei Jahre zusammen waren und ihre ›Firma‹ den ersten großen Auftrag einheimste, feierten sie das mit ›Flitterwochen‹ in Mexiko.

Während sie anfänglich jedem Fingerzeig nachgehen mußten, bekamen sie mit der Zeit mehr Aufträge und konnten sich einen Namen machen – oder besser gesagt: Sharon machte sich einen Namen. Sharons Entwürfe hatten offensichtlich eine ganz eigene Note, sie besaß eine rege Phantasie und großes Einfühlungsvermögen, was man von Harold nicht behaupten konnte. Das zeigte sich immer deutlicher. Sharons Erfolg machte Harold so zu schaffen, daß er irgendwann nicht mehr an sich halten konnte. Da machte er ihr privat das Leben zur Hölle. Es fing damit an, daß er herablassend auf ihr herumhackte, über ihr Aussehen, ihre Gewohnheiten und ihre Freunde herzog. Er führte sich mit der Zeit noch schlimmer auf und rächte sich schließlich dadurch, daß er dreist eine Affäre nach der anderen hatte. Weil er sie so schäbig behandelte, kam es zwischen ihnen immer häufiger zum Streit. Es kam so weit, daß sie sich nicht mehr friedlich unterhalten konnten, sondern sich nur noch stritten. Es verband sie nichts mehr miteinander. Sharon begab sich in therapeutische Behandlung. Nachdem sie monatelang um ihr Selbstwertgefühl gerungen hatte, zog Sharon einen Schlußstrich und trennte sich von Harold.

»Ich hatte wohl nicht damit gerechnet, daß sie mehr Aufträge bekommen würde als ich«, sagte Harold. »Obwohl wir ja Partner waren und ich wollte, daß wir gleichberechtigt sind, habe ich es nicht verkraftet, als ich merkte, daß sie begabter ist als ich. Sie hat genau die Entwürfe gemacht, die ich mir immer erträumt hatte. Für mich stand tief im Innern fest, daß ich die Führungsrolle übernehmen werde. Sharon sah ich lediglich in einer Nebenrolle, wenn auch in einer wichtigen. Ich konnte es einfach nicht ertragen, daß sie auf lange Sicht wahrscheinlich mehr Erfolg haben wird als ich. Ich hatte mich eigentlich immer für sehr liberal gehalten, was Frauen betrifft, doch da bin ich wohl einem Irrtum erlegen. Daran ist nun einmal nicht zu rütteln. Wahrscheinlich habe ich mich mit anderen Frauen eingelassen, um mich endlich wieder einmal überlegen fühlen zu können.«

Zu Beginn ihrer Beziehung standen Sharon und Harold so ziemlich auf der gleichen Entwicklungsstufe. Sie versuchten beide, ein ganz bestimmtes Ziel zu erreichen, das bereits feststand. Unter anderem ist jedoch zumindest unterschwellig die Konkurrenz die Triebkraft, die die meisten erfolgreichen und ehrgeizigen Menschen motiviert. Sie wollen nicht nur Erfolg haben, sondern weit größeren Erfolg als die Konkurrenz. Das Streben danach steigert die Leistung ganz enorm. Zwischen Harold und Sharon brach der Konkurrenzkampf nicht gleich aus, doch es kam der Zeitpunkt, wo ersichtlich wurde, daß sie zwar in der Zielsetzung gleichgerichtet waren, jedoch nicht mit den gleichen Mitteln kämpften. Sharon war Harold überlegen, was die beruflichen Qualifikationen anging. Sobald Harold das spürte, erwachte der Konkurrenzneid in ihm. Von da an sah er in Sharon nicht mehr die Kollegin und Mitarbeiterin, sondern nur noch eine Konkurrentin. Die Beziehung wurde untergraben durch die Tatsache, daß Sharon eine weit bessere Architektin war als Harold. Das zeigte sich immer deutlicher, und Harold sann auf Rache.

Harold betrog Sharon, um etwas an der für ihn unhaltbaren Situation zu ändern. Nachdem Sharon ihn hinausgeworfen hatte, ließ er sich in einer anderen Stadt nieder. Dort mußte er nicht ständig Vergleiche zwischen seinen beruflichen Fähigkeiten und den ihren ziehen und war daher mit sich und der Welt zufrieden.

Harold lernte aus der Beziehung, daß es für ihn besser war, ganz auf sich gestellt zu arbeiten und nicht zusammen mit einem Partner. Die Erfahrung mit Sharon lehrte ihn auch die Tricks und Kniffe, wie man so etwas auf die Beine stellte. Irgendwann wagte er vertrauensvoll den Schritt, auf eigene Faust als freier Architekt zu arbeiten.

Daß Harold Sharon gleich vertraute und bereit war, sie zu seiner Partnerin zu machen, war sein Geschenk an sie. Er leistete ihr Gesellschaft und sicherte sie beruflich ab, so daß sie sich nach dem Studium als Architektin etablieren konnte. Beruflich war sie schon bald sehr erfolgreich. Ihre nächste Aufgabe bestand darin, ihr Gefühlsleben zu vertiefen bzw. zu bereichern. Sie ging versuchsweise mehrere Beziehungen ein, die ähnlich bedrohlich verliefen wie die Beziehung zu Harold. Schließlich verliebte sie sich in einen ihrer Kunden, einen prominenten Arzt, der sich durch ihren be-

ruflichen Erfolg keineswegs herabgesetzt oder bedroht fühlte, und sie heirateten.
Sharon und Harold sind ein Beispiel für die Zweckgemeinschaft. Man stößt immer häufiger auf Paare, die nicht nur im Privatleben, sondern auch beruflich Partner sind. Da sowohl Männer als auch Frauen die Grenzen ihrer Kreativität und persönlichen Entwicklung ausloten, kommt es auch immer häufiger zu den Problemen, an denen Sharons und Harolds Beziehung im Endeffekt gescheitert ist – Konkurrenzneid und geschlechtsspezifisches Verhalten.

Liz und Mike: ›Nichts als Sex‹

Mit zwanzig war Liz ein Rasseweib und war sich dessen auch bewußt. Der 35jährige Mike sah auch umwerfend aus, doch das nahm er nicht so wichtig. Ihm waren andere Dinge wichtig: Er hing an seiner Arbeit als Versicherungsvertreter, und abgesehen davon interessierte er sich ausschließlich für Sex.
»Es ist furchtbar einfach«, sagte er. »Abgesehen von meiner Arbeit zählt für mich nur noch Sex. Mir liegt nichts daran, berühmt zu werden, und auf Weltreisen bin ich auch nicht scharf. Ich will niemanden mit einem Wagen oder einem Haus beeindrucken. Ich hänge an meinem Beruf...und am Sex.«
»Bis ich Mike kennenlernte, war ich mir nicht einmal sicher, ob ich mir überhaupt etwas aus Sex mache«, erzählte Liz. »Meine bisherigen Erlebnisse in dieser Richtung waren nicht berühmt. Ich habe meinen Freund aus der High-School geheiratet, und wir haben gleich eine Tochter bekommen. Mit unserem Sexualleben war es nicht weit her. Aber als ich mich dann nach meiner Scheidung mit Mike

eingelassen habe, ist mir zum erstenmal so richtig klargeworden, wie wichtig mir der Sex ist. Es war wie ein Dammbruch. Manchmal verstand ich mich selbst nicht mehr, kam mir vor wie eine Nymphomanin oder sowas.
Der Sex mit ihm war wirklich unglaublich. Sowas hatte ich überhaupt noch nicht erlebt, und da wir da so gut zusammenpaßten, dachte ich mir, daß ich in ihn verliebt sei. Als er mich vier Monate nach dem Kennenlernen bat, seine Frau zu werden, war ich natürlich damit einverstanden. Ich hatte das Gefühl, nicht ohne ihn leben zu können. Leider habe ich gar nicht darüber nachgedacht, wie es wohl wäre, mit ihm zusammenzuleben, und zwar ständig, wie uns zumute wäre, wenn meine Tochter ständig unter einem Dach mit ihm lebte. Ich habe mich auch nicht gefragt, was er wohl empfindet, wenn er seine Wohnung aufgibt. Mike war ja nie verheiratet gewesen. Wahrscheinlich versprach er sich von unserer Ehe einfach eine Fortsetzung unseres sagenhaften Sexuallebens, und ich wohl auch.«
Natürlich kam alles ganz anders. Das Alltagsleben brach über sie herein, mit all den Sorgen und Ärgernissen, die das Leben so zu bieten hat. Die Spülung funktioniert nicht, das Kind muß Hausaufgaben machen, der Müll hinausgebracht werden, Rechnungen sind zu bezahlen. Diese Pflichten sind an und für sich schon lästig genug, doch in diesem ganz besonderen Fall kam das sagenhafte Sexualleben dadurch entschieden zu kurz, und es spielte sich nicht mehr so häufig ab wie vor der ganz spontan geschlossenen Ehe. Vorher hatten sie sich bei jeder Begegnung aufeinander gestürzt.
Mike kam bald dahinter, daß ihn seine Hoffnung jämmerlich getrogen hatte, denn er hatte sich von dieser Ehe eine nicht abreißende Folge von tollen, umwerfenden Sexualerlebnissen versprochen, die er sich auf Dauer sichern wollte.

Doch statt dessen kam es jetzt viel seltener zum Sex, und er mußte allerhand im Haushalt tun bzw. häusliche Verpflichtungen auf sich nehmen. Von Zeit zu Zeit war er versucht, sich aus dem Staub zu machen. Trotzdem blieb er bei der Stange, weil er an den tollen Sex zurückdachte und sich auf den nächsten zügellosen Sex mit seiner Frau freute, der sie beide schier um den Verstand bringen würde. Solange die Beziehung auf Sex gegründet war und sie das Alltagsleben nicht an sich heranließen (das Kind, finanzielle Fragen und die Zukunft), klappte alles reibungslos.
Doch mit der Zeit stellte sich immer deutlicher heraus, daß Liz und Mike – vom Sex abgesehen – kaum etwas gemeinsam hatten. Ihre Beziehung schrumpfte auf die trivialen täglichen Begegnungen zusammen. Manchmal machten sie halbherzige Versuche, etwas zu unternehmen – Urlaub zu machen, einem Fitneß-Club beizutreten, mehr unter Menschen zu gehen –, doch alles verlief irgendwie im Sand.
Als Liz und Mike zu mir kamen, um die gefühlsmäßige Basis ihrer Beziehung unter die Lupe zu nehmen, stellte sich heraus, daß der Sex für beide weit mehr bedeutete als physische Befriedigung, die er ihnen unbedingt gewährte. Liz hatte als Kind jahrelang keinerlei körperliche Zuwendung erfahren und kompensierte dieses Manko jetzt durch Sex. Ihre Mutter hatte Tuberkulose gehabt, als Liz noch klein gewesen war, und hatte sie deshalb nicht in den Arm nehmen können. Aus psychologischer Sicht war Liz ein kleines Mädchen, das ausgehungert war nach körperlicher Zuwendung.
Für Mike war Sex ein Machtkampf. Sein Vater hatte seine Machtstellung ständig bedroht, als Mike noch ein Kind war, und hatte ihn verunglimpft. Sein Vater war viel zu verklemmt gewesen, um über Sex zu sprechen, und so kam es, daß Mike seine Macht nur durch Sex demonstrieren konn-

te, denn da hatte ihm nie jemand dreingeredet. Zu allem Überfluß war seine Mutter auch noch ›ein Eisberg‹ gewesen, und so hatte auch er das Gefühl, daß seine Sehnsucht nach Zärtlichkeit nie gestillt worden war. »Ich lebe völlig hinter dem Mond, was Körperkontakt angeht«, sagte er.

Als sie erkannten, was sich hinter ihrer rein physischen Beziehung verbarg, sahen Mike und Liz ein, daß sie sich nur körperlich zueinander hingezogen fühlten und daß sie über die reine Sexualität hinaus nichts miteinander verband. Beide wollten etwas nachholen, was sie als Kinder zu ihrem großen Leidwesen entbehren mußten. Darüber hinaus diente ihnen der Sex als eine Art Abwehrmechanismus, durch den sie sich vor jeglicher Verantwortung drückten, um sich nicht weiterentwickeln zu müssen.

Sie hatten sich sehr wohl etwas zu geben, und zwar trug jeder zum Heilungsprozeß der Wunden bei, die dem Partner als Kind zugefügt worden waren. Mit ihrem Sexualverhalten konnten sie auch die Sehnsucht nach Zärtlichkeit stillen, die sich bei beiden seit der Kindheit tief eingenistet hatte. Beide konnten sich sagen, daß diese Entwicklungsstufe nun abgeschlossen war. Ein neuer Lebensabschnitt kündigte sich an, andere Interessen traten in den Vordergrund. Sie hoffte, daß sie einen Mann finden würde, der gern die Rolle des Vaters übernehmen würde und der besser zu ihr paßte als Mike.

Nach seinem Abstecher ins Familienleben mußte Mike sich sagen, daß er dafür nicht geschaffen war und es vorzog, wieder allein zu leben. Zum Ersatzvater taugte er schon gar nicht. Inzwischen sah er ein, daß es außer der Arbeit und dem Sex auch noch andere Dinge gab, für die man sich erwärmen konnte. Mike und Liz wurden geschieden, nachdem sie etwas über ein Jahr verheiratet waren.

Die Beziehung zwischen Mike und Liz zeigt deutlich, daß

Sex allein, wie phantastisch er auch sein mag, nicht ausreicht, um eine Beziehung so zu untermauern, daß sie von Bestand ist. Der Sex kann zwar die Triebfeder sein und bewirken, daß sich zwei Menschen magisch zueinander hingezogen fühlen, doch darf er immer nur ein Teilbereich sein, denn wenn die Partner ihn nicht mehr gemeinsam haben, ist die Beziehung zum Scheitern verurteilt, die der Sex eigentlich festigen sollte.

Anhand dieser sieben Beziehungen läßt sich demonstrieren, daß der Trennungsschmerz zwar groß sein kann, daß es aber auch immer gute, legitime Gründe dafür gibt, daß Beziehungen scheitern. Manchmal läßt sich das eben nicht vermeiden. Die Trennung erfolgt ausnahmslos, wenn eine Entwicklungsphase abgeschlossen ist.

Alle Menschen streben danach, sich weiterzuentwickeln und ihren Horizont zu erweitern. Die Beziehung zu einem Partner ist für jeden die beste Möglichkeit, sich weiterzuentwickeln. Der Vorgang der Selbstfindung ist ein ständiges Wachsen, und jeder Mensch verläßt sich dabei entweder instinktiv oder auch ganz bewußt auf diejenigen, die ihn fördern und ihm dabei helfen können. Wenn bei diesem Prozeß aber ein vorgegebener Schritt getan, ein Abschnitt abgeschlossen ist, geht man bewußt oder auch unbewußt bis an die Grenze dessen, was die Beziehung so eben noch verträgt, um zu sehen, ob der gegenwärtige Partner der geeignete Gefährte für die nächsten Phasen der eigenen Entwicklung ist.

Weil es aber schon seit jeher heißt, daß nur die ›immerwährende‹ Beziehung zählt, sieht man in dem Ende einer Partnerschaft nicht den Beweis dafür, daß sich ein Kreislauf vollendet hat. Für viele Menschen hat die Trennung etwas Verwerfliches. Natürlich leidet man unter der Trennung vom Partner, was die Menschen aber verwandelt und was sie weiterbringt, ist zu begrüßen. Wir zürnen ja auch niemandem, der uns einen Strauß Blumen schenkt, weil die Blumen nach ein paar Tagen die Köpfe hängen lassen, bis wir sie wegwerfen müssen. Wir freuen uns über die Blumen und bedanken uns dafür, denn wir können uns ja eine Weile an den Blumen freuen, und daß sie verwelken, ist nun einmal nicht zu ändern.

Auch dem Partner muß man dankbar sein. Wann immer man das Glück hat, eine Beziehung eingehen zu können, sollte man sich darüber freuen und dankbar dafür sein. Und auch wenn eine Beziehung auseinandergeht, hat man einen Grund zum Feiern, denn die Partner haben sich etwas gegeben, was für sie wichtig war. Am Ende der gemeinsamen Reise angelangt, sollte man sich sagen, daß man den nächsten Lebensabschnitt leichter bewältigen wird. Denn die Beziehung hat bewirkt, daß man selbstsicherer geworden ist, mehr mit sich im reinen, daß man seinen Horizont erweitern konnte und jetzt mehr in sich ruht als zu Beginn der Beziehung. Wer die Partnerschaft eingegangen ist, darf sich am Ende sagen, daß er geläutert und gestärkt daraus hervorgegangen ist, wenn man das auch durch den Trennungsschmerz und die Verwirrung der Gefühle nicht immer gleich erkennt.

Wenn wir nur an die Beziehung denken, trauern wir natürlich, wenn wir aber die Menschen betrachten, die sich geliebt haben, haben wir allen Grund, uns zu freuen. Man darf sich nämlich nicht nur sagen, daß die Trennung vollzogen ist. Nun ja, etwas ist unwiederbringlich vorüber, aber wir haben ja auch etwas Wichtiges erreicht, von der Beziehung profitiert. Wenn eine Beziehung auseinandergeht, so gehen die Partner verwandelt daraus hervor. Sie haben sich so sehr geändert, daß sie der nächste Lebensabschnitt nicht mehr schreckt. Sie sind dafür gewappnet.

4. Kapitel

Welche Emotionen werden durch eine Trennung ausgelöst?

Eine Beziehung endet Schritt für Schritt. Es kommt niemals ›aus heiterem Himmel‹ zum Bruch, wenn das auch manchem so erscheinen mag. Bevor man auseinandergeht, kommt es zu zahlreichen Meinungsverschiedenheiten, die Partner sind häufig unzufrieden, Konfliktsituationen treten auf, eine Verständigung ist nicht mehr möglich. Zu einer Trennung kommt es erst, wenn sich die Partner eingestehen müssen, daß die Situation hoffnungslos verfahren ist. Das endgültige Zerbrechen einer Beziehung ist genau wie das Eingehen einer Beziehung ein äußerst komplizierter Vorgang.

Im Gefühlsbereich läßt sich das Zerbrechen einer Beziehung, die Trennung vom Partner mit den Empfindungen vergleichen, die uns überfluten, wenn wir um einen Verstorbenen trauern. Mit einem grundlegenden Unterschied: Wenn wir einen Toten zu beklagen haben, leisten wir Trauerarbeit und durchlaufen dabei viele Stadien, bis wir den Tod verarbeitet und verkraftet haben. Während all dieser Stadien wissen wir, daß derjenige, um den wir trauern, tot ist. Obwohl die Trauer um einen Toten schlimme Formen annehmen kann und man vielleicht viel darum gäbe, den Toten wieder lebendig machen zu können, obwohl man vielleicht betet und unsinnigerweise auf ein Wunder hofft, wird man als Trauernder immer mit der unwiderruflichen, unverrückbaren Tatsache konfrontiert, daß da ein Mensch

gestorben ist, den nichts und niemand wieder lebendig machen kann.
Ich will hier nicht von Beziehungen sprechen, die mit dem Tod eines der beiden Partner enden, weil ich da im Hinblick auf die Emotionen von ganz anderen Voraussetzungen ausgehen müßte. Endet eine Beziehung durch den Tod des Partners, gibt es kein Zurück. Mit dem Tod entfällt die Möglichkeit, die Beziehung zu kitten bzw. wieder aufzunehmen. Stirbt einer der beiden Partner, faßt sich der andere notgedrungen wieder, weil sich der Überlebende wohl oder übel damit abfinden muß, daß die Beziehung nicht mehr existiert und daß daran nicht zu rütteln ist.
Kommt es hingegen aus freien Stücken zur Trennung, und der Partner lebt irgendwo weiter, womöglich auch noch verheiratet, oder er wartet noch immer mit gebrochenem Herzen und hofft auf die Versöhnung, besteht ja immerhin noch die entfernte Möglichkeit, die Beziehung wiederaufzunehmen. Zumindest bildet man sich das zuweilen ein. »Vielleicht sollten wir es doch noch einmal miteinander versuchen«, hat sich schon so mancher im Endstadium der Trennung gesagt, oft sogar noch als gefühlsmäßiges Postscriptum ein Jahr oder mehrere Jahre nach erfolgter Trennung. Gibt man dieser Hoffnung jedoch nach, ist das oft reine Zeitverschwendung – wenn die Hoffnung nämlich trügt.
Oft begreifen wir gar nicht, was so eine Beziehung ausmacht, was sich da unbewußt oder unterschwellig abspielt. Deshalb kommen uns immer neue Zweifel, wir reagieren immer wieder verwirrt und bedauern vieles, wenn die Beziehung in die Brüche geht. Es kommt sogar vor, daß es einen immer wieder an den Schauplatz des Geschehens zurückzieht. Wir haben uns niemals so richtig vor Augen gehalten, was uns eigentlich zusammengeführt hat und was

wir durch die Beziehung erreicht haben, daher haben wir auch nicht die blasseste Ahnung, ob sich die Beziehung inzwischen überlebt und totgelaufen hat. Infolgedessen sieht es chaotisch in uns aus, daher rührt unsere Verzweiflung und Gefühlsverwirrung.

So wie die Trauer um einen Verstorbenen verschiedene Stadien durchläuft, die sich genau benennen lassen, durchlaufen die Menschen auch nach der Trennung vom Partner eine ganze Reihe deutlich erkennbarer Stadien der Gefühlsverwirrung. Im Grunde genommen löst eine Trennung vom Partner immer die gleichen Gefühle aus. Dabei spielt es keine Rolle, ob die Partner zweiunddreißig Jahre miteinander verheiratet waren oder nur vier Jahre zusammengelebt haben, ob sie ein Jahr miteinander gegangen sind oder drei Wochen lang eine scheinbar belanglose Affäre hatten.

Wenn man sich nach einer kurzen Liebschaft wieder trennt, kann das in so mancher Hinsicht sogar mehr schmerzen, als wenn eine langjährige Beziehung scheitert. Meiner Meinung nach liegt das daran, daß die Partner bei einer langfristigen Beziehung auch die Kehrseite der Medaille kennen. Sie kennen nicht nur die angenehmen Seiten ihres Partners, sondern auch seine Unzulänglichkeiten, während man sich bei einer kurzen Liebschaft noch Illusionen hingibt und die Schattenseiten nicht wahrhaben will.

Durch Aufzeigen der Gefühlsstadien läßt sich die Reihenfolge ermitteln, in der die Gefühle der Gefühlsskala auftreten. Natürlich kann es auch vorkommen, daß die einzelnen Gefühle in einer leicht abgewandelten, vielleicht sogar in einer völlig anderen Reihenfolge auftreten. Es kann sein, daß man die einzelnen Stadien zweimal oder sogar mehrmals durchläuft.

Eine Trennung verursacht Wunden, die verheilen müssen.

Der Heilungsprozeß kann jedoch nur abgeschlossen werden, wenn man bestimmte Gefühle wiederholt durchlebt und ganze Gefühlsabläufe immer wieder auftreten. Der Trennungsschmerz heilt nämlich nicht über Nacht. Es kann zum Beispiel sein, daß man sich in einem Stadium befindet, in dem man sich mit Schuldgefühlen herumquält (»Ich bin an allem schuld«) und das deutliche Gefühl hat, daß man emotionell in einer besonders schwierigen Phase steckt, und es kommt vor, daß irgendein Ereignis oder eine Erinnerung alles wieder aufwühlt, so daß man den Schmerz immer wieder durchlebt.
Damit eine Veränderung in einem vorgeht und man gefühlsmäßig wieder mit sich ins reine kommt, muß man den Schmerz so oft durchleben, bis man ihn überwunden hat. Das kann wochenlang dauern oder sich auch innerhalb eines einzigen schicksalhaften Tages abspielen, an dem man innere Einkehr hält, bis ein Läuterungsprozeß stattgefunden hat. Natürlich können diese Gefühlsabläufe auch zunächst in ganz sublimer Form auftreten und dann jahrelang immer wieder ganz bewußt.
Wenn man sich noch in dem Stadium befindet, in dem man sich fragt, ob die Beziehung nun auseinandergeht oder ob man sich trennen sollte, stellt man vielleicht fest, daß man diese Gefühle schon bis zu einem gewissen Grad durchlebt hat – selbst wenn man sie aus Angst verdrängt hat oder wegen unaufschiebbarer Anforderungen, die das Leben an einen stellt. Wenn es sich so verhält, kann man anhand der folgenden kurzer Auflistung Gefühle identifizieren, die höchstwahrscheinlich auch in Zukunft noch auftreten werden, und zwar so lange, bis man eine Lösung für die Konflikte gefunden hat, die die Beziehung in sich birgt, oder feststellt, daß sie sich nicht lösen lassen und die Situation hoffnungslos verfahren ist.

Geht die Beziehung aber bereits auseinander, werden Sie wahrscheinlich feststellen, daß Sie auf Ihrem Leidensweg ein Stadium oder mehrere Stadien bereits durchlaufen haben, möglicherweise sogar mehrmals. Das ist jedoch kein Grund zum Verzweifeln. Das liegt lediglich daran, daß es bei dem Trennungsprozeß Phasen gibt, die schwerer zu verkraften sind als andere und die man mehrmals durchlaufen muß.

Die folgende Aufstellung soll Sie in die Lage versetzen, Ihre Gefühle richtig einzuordnen, zu begreifen, was in Ihnen vorgeht, und sich auf das vorzubereiten, was Ihnen wahrscheinlich noch bevorsteht. Sie sollen wissen, daß das, was zur Zeit in Ihnen vorgeht, ganz normal ist und daß Sie genauso wie eine Vielzahl anderer Menschen den Trennungsschmerz überwinden und die Trennung verkraften werden.

Daß das ausgerechnet mir passieren muß!

Wenn einem bewußt wird, daß eine Beziehung auseinandergeht, sagt man sich zunächst: »Nicht zu fassen, daß mir das passiert.« Sobald das, was wir nicht wahrhaben wollen, in unser Bewußtsein vordringt, versuchen wir es abzustreiten. Einerseits sagen wir uns zwar:»Ich weiß, was mir da widerfährt«, doch gleichzeitig setzen wir uns dagegen zur Wehr, indem wir sagen: »Es gefällt mit nicht, und deshalb will ich auch nicht wahrhaben, was da vorgeht.«

Der Verdrängungsprozeß funktioniert so perfekt, daß selbst die tieferen Bewußtseinsschichten miteingespannt werden. »Diese Ehe ist im Himmel geschlossen worden. Wir wollten doch gemeinsam alt werden und noch im hohen Alter Seite an Seite in Schaukelstühlen sitzen.« »Wir waren das vollkommene Paar und haben uns immer gut

verstanden.« »Es kann nicht sein, und es ist auch nicht wahr, weil das gar nicht möglich ist – daß er mich betrogen hat, daß sie mich nicht mehr liebt.«
»Das stimmt doch einfach nicht! Unmöglich, daß mir das widerfährt oder vielmehr uns! Wir haben doch gerade erst gemeinsam Urlaub gemacht, und es war phantastisch. Und im Sommer haben unsere Freunde uns noch das vollkommene Paar genannt.«
»Nein, uns kann das nicht passieren! Eine romantischere Liebesgeschichte kann man sich gar nicht vorstellen, alle sagen das. Nein, wir trennen uns bestimmt nicht! Lieber Himmel, wir haben doch schon Hochzeitspläne gemacht, haben das Geschirr schon ausgesucht. Uns kann das nicht passieren.«
»Ausgeschlossen, daß mir das widerfährt. Mir doch nicht! Mir kann doch gar nichts Schlimmes widerfahren, ich bin doch immer gegen alles gefeit, aber bisher war doch alles in bester Ordnung, ich war glücklich und konnte mich nicht beklagen. Ich habe noch nie eine so schmerzliche Erfahrung machen müssen, habe so etwas Verheerendes noch nie erlebt. Wie sollte ich so einen Schock verkraften? Mir kann und darf so etwas nicht widerfahren.«
»Ausgeschlossen, daß mir so etwas passiert. Andere Leute trennen sich. Die Ehen anderer Leute werden nach 32 Jahren geschieden, aber doch nicht meine. Andere Leute können sich ihre Träume aus dem Kopf schlagen, aber doch nicht ich. Andere Leute werden zurückgewiesen, vor den Kopf gestoßen und bekommen einen Fußtritt, aber ich doch nicht.«
Dieses »Das kann mir doch nicht passieren« gibt es aber auch noch in einer anderen Form, und da heißt es dann: »Das kann ich doch nicht machen. Ich kann meine Ehe nicht einfach ad acta legen. Ich kann mich doch nicht so

mir nichts, dir nichts aus dem Staub machen, kann meine Frau, mein Haus und meine Kinder nicht im Stich lassen. So etwas sieht mir doch gar nicht ähnlich. Daß ich so was fertigbringe! Vielleicht sind andere Leute so grausam und gemein, so selbstsüchtig, daß sie alles hinschmeißen und sich scheiden lassen, aber ich doch nicht, ich bin ein netter Mensch. Ich würde nicht einfach weggehen. Mir liegt nicht einmal das Fremdgehen. Und doch habe ich meine Frau betrogen, obwohl das eigentlich gar nicht zu mir paßt. Nein, wirklich nicht. Als ich ihr bei der Trauung feierlich versprochen habe, zu ihr zu halten in guten und in bösen Tagen, war es mir wirklich ernst damit. Auf immer und ewig, bis daß der Tod uns scheidet, wie es so schön heißt. Wie kann ich ihr denn das jetzt antun?«

Beim ersten Anzeichen, das auf das Scheitern einer Beziehung hindeutet, werden tausend Gründe angeführt, die dagegen sprechen. Die Wahrheit wird verdrängt, die Tatsache bestritten, daß einfach nichts mehr zu retten ist. Es erscheint unvorstellbar, daß eine Beziehung auseinandergehen kann, die für immer gedacht war. Mit allem hätte man gerechnet, aber auf keinen Fall damit, daß diese Beziehung in die Brüche gehen könnte.

Man wird zum erstenmal ganz unmittelbar mit der Tatsache konfrontiert, daß es sich tatsächlich so verhält, daß einem so etwas widerfährt. Doch sobald einem diese Erkenntnis dämmert, setzt ein Verweigerungsmechanismus ein, damit der Patient den Schock auch überlebt. Es ist, wie wenn gleich nach einem Unfall Sanitäter mit einer Bahre herbeigeeilt kommen und der Notarzt den Verletzten umgehend versorgt.

Manchmal spielt sich diese Verweigerung im Unterbewußtsein ab. Eine Frau erzählte mir einmal: »Als mich Nick verließ, hatte das physische Auswirkungen. Es war, als sei alles

Leben aus mir gewichen, als gäbe es mich und die ganze Welt nicht mehr. So hätte es jedenfalls sein müssen, wenn es nach mir gegangen wäre.«

Viele Leute bringen keinen Bissen mehr herunter und gehen körperlich fast vor die Hunde. »Seit David mir gesagt hat, daß es aus ist, habe ich schon zehn Pfund abgenommen.« Oder: »Ich habe schon nächtelang nicht mehr geschlafen. Ich kann immer noch nicht glauben, daß mir so etwas passiert.«

»Ich kann gar nicht mehr aufhören zu trinken. Ich bin Kettenraucherin geworden. Natürlich weiß ich, daß ich mich damit systematisch umbringe, aber das ist mir egal. Ich kann einfach nicht glauben, daß es aus ist.«

»Ich zittere am ganzen Körper, und dieses Zittern hört gar nicht mehr auf. Ich kann nichts mehr essen und kann nicht aufhören zu zittern. Daß mir das passieren muß! Ich kann es nicht fassen.«

All diese Leute schlagen sich mit Emotionen und körperlichen Empfindungen herum, die weit über das Ausmaß ihrer üblichen Erfahrungen hinausgehen. Auch geistig müssen sie sich irgendwie damit auseinandersetzen, daß ihre Beziehung auseinandergeht. Die Intensität und Fremdheit dieser Gefühle zeigt, daß es in unserem Gefühlsrepertoire nichts gibt, was sich auch nur annähernd mit den Gefühlen vergleichen läßt, die uns überfluten, wenn eine Beziehung auseinandergeht. Wenn wir uns auf eine Beziehung einlassen, gehen wir davon aus, daß sie unzerstörbar ist und ewig halten wird. Das erwarten wir, und damit rechnen wir ganz fest. Wir kämen nie auf die Idee, daß wir einmal gezwungen sein könnten, so zu leiden und so Furchtbares durchzumachen, weil die Beziehung wider Erwarten doch nicht von Dauer war. Daher sind wir gefühlsmäßig keineswegs gewappnet, wenn eine Beziehung in die

Brüche geht. Wir sind nicht mehr Herr unserer Gefühle, und das macht uns angst. Doch obwohl uns diese Empfindungen noch nicht vertraut sind, handelt es sich hierbei um die ganz natürliche Reaktion, den ersten Schritt, der zum Verkraften dieser Situation führt, denn beim Beenden einer Beziehung kommt es zu einem ganz bestimmten gefühlsmäßigen Ablauf.

Das kannst du mir doch nicht antun!

Zu einer besonders schmerzhaften Form dieses »Daß mir das widerfährt!« kommt es, wenn beim Scheitern einer Beziehung nur ein Partner die entsprechende Entwicklungsphase abgeschlossen hat, der andere jedoch noch nicht. Der ist dann der Leidtragende, für ihn ist die Trennung eine Katastrophe. Er hält den Zeitpunkt für verfrüht oder für völlig unangebracht. Nie hätte er auch nur im Traum daran gedacht, daß es einmal zu diesem Schritt kommen könnte. Für ihn ist das eine absolut einseitige Entscheidung. Der Partner, der zurückbleibt, das ›Opfer‹ des Entschlusses, fühlt sich zurückgestoßen, im Stich gelassen und von allem losgelöst.

»Du darfst mich nicht verlassen. Die Kinder sind noch viel zu klein. Du kannst mir doch nicht zumuten, daß ich sie allein aufziehe.«

»Du darfst mich nicht verlassen, ich habe mein Studium noch nicht abgeschlossen. Ohne dich schaffe ich den Abschluß einfach nicht. Du hast mir doch versprochen, mir zu helfen, und jetzt läßt du mich im Stich.«

»Ich bin vollkommen glücklich so. Du darfst mich nicht verlassen. Ich will das nicht, ich kann das nicht haben, das geht über meine Kraft. Was ist denn bloß in dich gefahren? Du kannst mich doch nicht einfach sitzenlassen.«

»Du darfst mich nicht verlassen. Ich verliere den Verstand. Ich bringe mich um. Ohne dich kann ich nicht leben. Du darfst mich nicht verlassen.«

»Du darfst mich nicht verlassen. Es darf einfach nicht sein, daß meine zweite Ehe auch wieder in die Brüche geht. Ich will nicht noch einmal geschieden werden.«

»Du darfst mich nicht verlassen, weil meine Eltern das nie verwinden würden! Was werden sie nur dazu sagen? Du brichst ihnen das Herz. Du darfst mich auf keinen Fall verlassen.«

»Du darfst mich nicht verlassen. Ich kann nicht allein leben. Ich ertrage das Alleinsein einfach nicht. Du darfst mich nicht verlassen. Ich komme allein nicht zurecht.«

»Du darfst mich nicht verlassen. Dann ist es nämlich aus mit meiner beruflichen Laufbahn, dann bin ich ruiniert, dann ist es um meinen guten ruf geschehen, das schadet meinem Image. Es geht nun einmal nicht ohne dich. Du darfst mir das nicht antun.«

»Du darfst mich nicht verlassen. Dann bin ich finanziell am Ende. Aus und vorbei. Es wäre die reinste Katastrophe. Ich gehe pleite, und auch für dich bedeutet das den völligen Ruin. Du mußt verrückt geworden sein. Du darfst mich nicht verlassen.«

Tatsache ist jedoch, daß sich eine Beziehung überlebt hat und nicht mehr von Bestand sein kann, wenn sie einer der beiden Partner unbedingt beenden will. Wenn der Partner nicht einmal mehr bereit ist, sich auf Diskussionen darüber einzulassen, ob die Beziehung noch einen Sinn hat oder nicht, steht fest, daß sich der andere daran klammert, obwohl das nichts mehr nutzt. In diesem Stadium kann von einer Beziehung nicht mehr die Rede sein. Sie existiert nur

noch in der Einbildung des Partners, der sich gegen die Trennung zur Wehr setzt.
Der Partner, der sich noch falsche Hoffnungen macht, drückt sich dann zum Beispiel so aus: »Ich kann mir nicht erklären, warum sie Schluß gemacht hat. *Ich* war glücklich, *mir* hat nichts gefehlt. Ich finde, es war alles genau so, wie es sein sollte.« Mit dieser Einstellung beweist derjenige erst so richtig, wie tief die Kluft zwischen den beiden Partnern war, denn diese Aussagen beweisen, daß er keine Ahnung hatte, wie unzufrieden der Partner gewesen sein mußte, wie sehr auf Distanz bedacht, auf Flucht erpicht. Es konnte gar nicht ausbleiben, daß die Beziehung in die Brüche ging.

Bei einer Trennung ist es immer so, daß einer der Partner die Initiative ergreift. So kann es zum Beispiel vorkommen, daß ein Ehemann, der seine Frau mit 42 verschiedenen Frauen betrogen hat, nach dreißig Jahren Ehe vor seine Frau hintritt und verkündet: »Ich verlasse dich. Ich war furchtbar unglücklich in dieser Ehe und betrüge dich schon seit fünfzehn Jahren.« Obwohl er die Initiative ergreift, darf sich seine Frau eigentlich nicht wundern, denn von einer glücklichen Ehe kann ja hier wohl keine Rede sein. Die Frau war mit einem Mann verheiratet, der sie nicht liebte. Aus gesellschaftlichen Gründen war sie vielmehr mit einem Mann liiert, den sie ihren Ehemann nennen durfte. Sie muß bis zu einem gewissen Grad mitbekommen haben, daß er sich immer mehr vor ihr zurückzog und an nichts mehr teilnahm, ob sie sich dessen nun bewußt war oder nicht. Die Frage ist, ob sie sich das eingesteht. An der Tatsache, daß die Ehe nicht glücklich war, gar nicht glücklich gewesen sein kann, ist jedoch nicht zu rütteln, weil in diesem Fall von einer Liebesheirat keine Rede sein kann. Der Mann hat seine Frau ja nicht geliebt.

Das ist ein sehr wichtiger Punkt. Vor allem der Partner, der verlassen wird, muß einsehen, daß beide Partner im Hinblick auf die Lebensfähigkeit der Beziehung unbewußt bis zu einem gewissen Grad in der gleichen Lage sind. Es ist sehr wichtig, daß man diese Tatsache ganz bewußt zur Kenntnis nimmt. Geschieht das nämlich nicht, kann es dazu kommen, daß sich die Partner, die verlassen werden, als Opfer betrachten, weil der Entschluß, der sich gegen sie richtet, ja schließlich nicht von ihnen ausgegangen ist. Weil sie keinen Anteil daran hatten. Sie waren aber *doch* daran beteiligt. Bewußt oder unbewußt sind auch sie mitverantwortlich für die Entscheidung, sich zu trennen.

Ich tue, was du willst, wenn du nur bei mir bleibst

Wenn man auch anfänglich einfach nicht wahrhaben will, was sich da abspielt, dämmert es einem doch allmählich, daß sich die Beziehung tatsächlich überlebt hat. Man gerät erst einmal fürchterlich in Panik – ganz gleich ob der Partner die Trennung herbeiführen will und man sich als Opfer in einem Szenario betrachtet, zu dem es ohne eigenes Zutun gekommen ist, oder ob einem das, was zur Sprache kommt, als eindeutige Wahrheit einleuchtet und man erkennt, daß die Beziehung zu Grabe getragen wird, von der man angenommen hatte, daß sie ewig halten würde.

Die Verweigerungshaltung hat zu nichts geführt. Der Bezug zur Realität wird wiederhergestellt, doch es bleibt nicht aus, daß man in Panik gerät, wenn man sich dieser entsetzlichen Wahrheit stellt.

Das gilt im übrigen für beide Partner, nicht nur für denjenigen, der die Nachricht von der Trennung als Keulenschlag empfindet, sondern auch für den Partner, der die

Trennung will und sie herbeiführt. Wer die Initiative ergreift, gerät vielleicht nicht gar so sehr in Panik, und er empfindet die Trennung vielleicht nicht als ganz so katastrophal, doch schlimm ist sie für beide Partner. »Ich gäbe viel darum, wenn wir das einfach alles vergessen könnten und alles wieder gut würde.«

»Bitte, bitte, laß uns dafür sorgen, daß dieser Alptraum vorübergeht und alles wieder gut wird. Ich will auch alles tun, was du von mir verlangst, wenn du nur bei mir bleibst. Gib zu, daß das alles nur ein böser Traum war. Vergessen wir doch einfach alles, was mir so schlimm erschien. Vergiß, daß ich den Müll nicht rausgetragen habe, denk nicht mehr an die überzogenen Konten. Wir wollen nicht mehr an den Sommerurlaub denken, den du mir versprochen hast und den wir nie angetreten haben. Wir wollen nicht mehr daran denken, daß der Sex nicht so toll war, wir wollen nicht mehr an meine Mutter und auch nicht an deine Mutter denken. Mein Ehrgeiz ist mir nicht mehr wichtig, ich will auch nicht mehr flirten. Wir sollten auch vergessen, daß wir gar keinen Spaß mehr miteinander haben. Haben wir genaugenommen eigentlich nie gehabt. Ich will mich auch nicht mehr darüber aufregen, daß du auf das Fußballspielen am Montagabend nicht verzichten willst. Mir ist alles recht, wenn du mir nur versprichst, daß wir uns nicht trennen.«

»Ich tue alles, was du willst, wenn du nur bei mir bleibst. Ich lasse mir die Haare kurz schneiden oder lasse sie wachsen. Ich nehme mir den Bart ab oder lasse mir einen wachsen. Ich höre auf zu trinken. Ich schreie dich nie wieder an. Ich werfe das Geld nicht mehr zum Fenster raus, das verspreche ich dir. Ich kaufe mir auch anständige Unterwäsche, wenn du willst. Sag mir nur, was ich tun soll. Ich tue alles, was du möchtest, wenn du nur bei mir bleibst.«

»Denk nicht mehr an mein ewiges Gejammer. Denk nicht mehr daran, daß mir so vieles nicht gepaßt hat. Ein Leben ohne dich kann ich mir gar nicht vorstellen. Es ist mir egal, was los war. Ein Leben ohne eine Beziehung ist doch trostlos. Laß uns doch wegfahren und irgendwo Urlaub machen. Vielleicht sollten wir eine Therapie machen. Wir wollen nicht mehr daran denken – du bist vollkommen. Wir fangen noch einmal ganz von vorn an.«

Das läuft im Grunde genommen auf eine Verhandlungsphase hinaus. Da wird ein letzter verzweifelter, tollkühner Versuch gemacht, zu retten, was noch zu retten ist, den Flaschengeist wieder in die Flasche zurückzulocken und zu sagen: »Nein, nein, so haben wir nie miteinander geredet, solche Dinge haben wir uns nie an den Kopf geworfen«, denn in diesem Stadium machen wir uns erstmals klar, wie unser Leben nach der Trennung vom Partner verlaufen würde.

Eben da bekommt es so mancher mit der Angst zu tun. Oft hat man schon den tastenden Versuch gemacht, die Beziehung zu beenden und sich mit einem anderen eingelassen, doch wenn es wirklich ernst wird, geraten die Paare dann in Panik. Um die Form zu wahren, bleiben sie verheiratet und schleppen die Probleme weiter mit sich herum – mit dem Erfolg, daß sie auch weiter fremdgehen und die Ehe ein paar Jahre später doch noch geschieden wird.

Aber in diesem Stadium überfluten einen so erschreckende Gefühle, und die Panik hat einen dermaßen in den Klauen, daß man tatsächlich zu fast allem bereit ist, um den Flaschengeist wieder in die Flasche zurückzudrängen. Was nicht etwa heißen soll, daß die Beziehung womöglich doch noch zu retten wäre. Man ist nur krank vor Angst.

Die Erfahrung zeigt, daß eine Beziehung kaum mehr aufrechterhalten werden kann, wenn sie erst einmal an diesem

Punkt angelangt ist. Das Leben ist aus ihr gewichen. Oft führt die Panik trotzdem noch einmal zur Versöhnung, doch das ist ein trügerischer Waffenstillstand, denn ein paar Jahre später kommt es meistens doch zur Trennung. Sie wird also nur aufgeschoben.

Mehrere Menschen, die mitten in dem schwierigen Unterfangen steckten, ihre Beziehung zu beenden, haben mir erzählt, daß sie dieses Stadium vor geraumer Zeit durchgemacht haben und bedauern, den Mut nicht aufgebracht zu haben, einen Schlußstrich zu ziehen und die Beziehung endgültig zu beenden. Man könnte den Einwand geltend machen, daß es einfacher ist, die Trennung bis zum Ende durchzustehen, nachdem man diese Phase mehrmals durchgemacht hat. Die meisten Menschen vertreten diese Meinung. »Ich kann mich noch daran erinnern, daß ich mich schon einmal so gefühlt habe«, berichtete ein Mann. »Und was geschah im Anschluß daran? Gar nichts! Doch jetzt habe ich die Kraft, die Sache wirklich bis zum Ende durchzustehen.«

Es kommt tatsächlich vor – wenn auch nur sehr selten –, daß die Konfrontation mit der Tatsache, daß die Beziehung unwiderruflich auseinanderzugehen droht, die Menschen dazu bringt, daß sie sich endlich mit Fragen auseinandersetzen, denen sie bis dahin wohlweislich aus dem Weg gegangen sind. In ein paar lobenswerten Ausnahmefällen führt die Krise dazu, daß Menschen zugunsten der Beziehung all ihre Kräfte mobilisieren, den Problemen zu Leibe rücken und Kompromisse eingehen, durch die ihnen die Beziehung in einem neuen Licht erscheint, so daß sie noch gerettet werden kann. Eine solche Wandlung hängt jedoch von der Tiefe der Beziehung ab. Es kommt darauf an, ob es genügend Dinge gibt, die zu einer Wiederbelebung führen und den Bestand der Beziehung garantieren.

»Vor sechs Jahren wollte ich mich scheiden lassen«, erzählte Alex, »aber dann sind meine Frau und ich zu einer Eheberatung gegangen, und da wir uns nicht gerade spinnefeind waren, sah es aus, als würden wir zusammenbleiben. Aber sobald wir nicht mehr zur Eheberatung gingen, war die Luft raus oder wieder raus wie schon seit Jahren. Schließlich ertrug ich es nicht mehr, und deshalb trennen wir uns jetzt. Aber soll ich Ihnen mal was sagen? Es tut mir richtig leid um die sechs Jahre. Wir hatten uns nichts mehr zu sagen, und ich komme jetzt erst in den Genuß von Dingen, die ich mir all die Jahre habe entgehen lassen.«

Pam berichtete: »Vor drei Jahren wollte ich mich scheiden lassen, aber ich hatte Angst davor und habe einen Rückzieher gemacht. Mein Mann hat sich auch nicht getraut, und obwohl wir uns fast an die Gurgel gesprungen sind – eine Weile bin ich sogar ausgezogen –, haben wir einfach so weitergemacht, anstatt einen Schlußstrich unter diese miserable Ehe zu ziehen. Drei Jahre haben wir uns völlig sinnlos miteinander abgequält. Aber damals hat mir einfach noch der Mumm gefehlt, und meinem Mann leider auch.«

In der Phase, in der die Leute mit der verheerenden Tatsache konfrontiert werden, daß der Mensch, über den sie sich ständig beklagen, der sie zu Tode langweilt oder schier zum Wahnsinn treibt, tatsächlich aus dem Haus geht, geraten sie in Panik. In diesem Stadium kommen die Leute oft zur Beratung und sagen: »Helfen Sie uns bitte! Können wir nicht doch noch miteinander klarkommen? Wir sind zu allem bereit. Dafür ist uns kein Preis zu hoch. Wir würden wirklich alles tun, wenn es nur nicht zur Trennung kommt.«

Wenn man entsetzt erkennt, daß genau das geschieht, wovon man gehofft hatte, daß es einem niemals widerfahren würde, stellt man verwundert fest, daß man einen großen, einen unsäglichen Verlust erleidet, und aufgrund dieser Erkenntnis verfallen die Leute in tiefe Trauer.
Allmählich wird einem bewußt, daß man ja nicht nur einen Menschen verliert, sondern daß damit auch ein ganzer Lebensabschnitt zu Ende geht, daß es jetzt aus ist mit einer bestimmten Daseinsform, daß sich so mancher aus dem gemeinsamen Freundes- und Bekanntenkreis vielleicht auf die Gegenseite schlägt. Irgendwie büßt man sogar einen Teil seiner Identität ein, die Zukunft erscheint ungewiß, man ist sich über sich selbst nicht mehr so recht im klaren.
In dieser Phase des emotionellen Ablaufs ist man nicht darauf erpicht, das Ende hinter sich zu bringen oder das schöpferische Potential auszuloten, das so eine Trennung in sich birgt. In diesem Stadium trauert man vielmehr, nimmt unter Tränen Abschied von der Vergangenheit, von allen Hoffnungen und von allem, was einem lieb und teuer war. Mit einem Wort: Man ist untröstlich.
Zu diesem Zeitpunkt machen die meisten Menschen eine Trauerzeit durch, die oft tagelang anhält. Da weinen und schluchzen sie herzzerreißend – fast ohne Unterlaß. Dabei haben sie das Gefühl, vor Kummer wie gelähmt zu sein.
Eine Frau erzählte mir: »Ich dachte, ich ertrinke in einer Flut von Tränen. Ich konnte mich nicht einmal mehr daran erinnern, was ich früher für ein Mensch gewesen war, bevor mich der Kummer schier erdrückte. Ich kam mir vor wie eingesperrt – wie ein böses kleines Mädchen, das in sein Zimmer verbannt wird. Allmählich begann ich mich zu fra-

gen, ob es je wieder einen Tag geben würde, an dem ich nicht in Tränen ausbreche.«

Und ein Mann erzählte: »In den letzten Wochen habe ich nur geweint. Diese Sache hat mich tief getroffen, bis in den Kern meines Wesens. Die Dinge haben eine Wende genommen, die ich nicht vorausgesehen habe. All meine Zukunftspläne haben sich dadurch zerschlagen. Das Weinen tut ausgesprochen gut, aber der Schmerz läßt nicht nach. Ich habe es noch nicht verwunden. Die Trennung macht mir so zu schaffen, daß ich bestimmt noch weiterweinen muß.«

»Ich habe drei Tage ununterbrochen geweint«, berichtete ein anderer. »Alles, was wir je gemeinsam hatten, und alles, was wir zusammen unternommen hatten, stürzte auf mich ein, und bei dem Gedanken daran konnte ich nicht mehr aufhören zu weinen. Mein Leben lief vor mir ab wie ein Film im Kino. Ich sah jede zärtliche Umarmung wieder vor mir, und der Trennungsschmerz brachte mich schier um den Verstand.

Heute bin ich zum erstenmal wieder draußen. Bisher hatte ich mich im Haus eingeigelt. Ich fühle mich zwar noch ziemlich wackelig auf den Beinen, aber doch auch irgendwie geläutert und wie neugeboren. Trotzdem erscheint mir alles fremd und nicht die Spur vertraut. Ganz neu. Es tut eben noch immer schrecklich weh. Ich weiß nicht, ob ich je ganz darüber hinwegkomme.«

Trotz der tiefen Trauer sagt man sich, daß man eigentlich nicht weinen dürfte, denn Tränen gelten doch als lächerlich, wenn nicht gar als Schande. Es gehört sich nicht, seine Gefühle so zur Schau zu stellen. In unserem Kulturkreis ist das verpönt. Weinen ist ungehörig. Man redet sich ein, daß man ein besserer, stärkerer und widerstandsfähigerer Mensch ist, wenn man seine Tränen zurückhält und unterdrückt. Ohne Tränen lebt es sich glücklicher, ohne Tränen bringt man es im Leben weiter. Erwachsene weinen nicht. »Ich bin völlig aus dem Häuschen«, berichtete ein Mann. »Ich kann mich einfach nicht beherrschen.« Oder: »Ich bin essen gegangen und habe im Restaurant einfach laut losgeheult. Jetzt komme ich mir natürlich wie ein Idiot vor. Es ist mir furchtbar peinlich, aber ich breche immer wieder in Tränen aus.«

Oder es heißt: »Wann hört das bloß wieder auf? In dieser Verfassung kann ich gar nicht arbeiten und bringe nichts Vernünftiges zustande.« »Ich bin völlig zusammengebrochen und habe mich vor den Kindern als Heulsuse gebärdet. Was sollen sie davon halten, wenn sie mitansehen müssen, was für ein Wrack ihr Vater ist?«

»Ich heule und heule wie eine Schwachsinnige. Meine Freunde kriegen es allmählich satt, aber ich kann mich einfach nicht zusammenreißen.«

Ausgerechnet in der Phase, in der man von seinen Gefühlen so gebeutelt wird, daß einem Tränen in die Augen steigen, bis man kaum mehr an sich halten kann und am liebsten losheulen würde, sagt man sich, daß sich das nicht gehört. Es ist eine Tragödie! Alles in einem sehnt sich verzweifelt danach, zu weinen, den Tränen freien Lauf zu lassen, bis man sich erleichtert fühlt, doch es ist uns anerzogen worden, die Tränen zurückzuhalten und weiterzumachen, als ob nichts geschehen sei. Als könnten wir es uns nicht leisten, eine Pause einzulegen, um uns so richtig auszuweinen. Wenn die Tränen aber doch die Oberhand gewinnen, finden wir das ungehörig und sehen es als Schwäche an.

Ich erlebe immer wieder Menschen, die gerade das Schlimmste durchgemacht haben, was ihnen überhaupt passieren konnte, und die sich dafür entschuldigen, daß sie um das weinen, was sie verloren haben. »Entschuldigen Sie bitte«, sagen sie und greifen nach dem Taschentuch. »Es ist mir furchtbar peinlich. Einen Augenblick noch, gleich habe ich mich wieder gefaßt.«

Zu einem solchen Zeitpunkt soll man sich gar nicht fassen, soll sich nicht beherrschen. Da kann man sich ruhig gehenlassen und weinen, solange einem danach zumute ist. Wenn einen der Kummer niederdrückt, ist es doch ganz natürlich, daß man weint, und je mehr man weint, desto besser kommt man darüber hinweg. Wenn auch viele Leute fürchten, in dieser Tränenflut unterzugehen und sie nie wieder eindämmen zu können, ist das völlig ausgeschlossen. Irgendwann versiegen die Tränen wieder, doch mit dem Weinen erleichtert man sich die Trauerarbeit, und die Wunden verheilen schneller.

Erst wenn man ganz auf dem Grund angelangt ist, sich gründlich ausgeweint hat, wenn man sich mit seinen Hoffnungen, Träumen, Erwartungen und Erinnerungen auseinandergesetzt hat, kann man sich wieder aufrappeln und dem Leben gefaßt ins Auge sehen. Die Tränen dienen also der Menschwerdung.

In so einem Fall sind die Tränen nicht nur wichtig, sie *müssen* sogar fließen, denn sie fördern den Heilungsprozeß. Deshalb sollte man die Tränen willkommen heißen und ihnen freien Lauf lassen, solange einem danach zumute ist.

Es ist wichtig, daß man die Tränen als ganz wesentlichen Aspekt des Heilungsprozesses akzeptiert. Man muß sich der Tatsache bewußt sein, daß man durch die Tränen hindurch muß, um über sie hinwegzukommen. Ich versichere Ihnen, daß Sie sich nicht ewig hundeelend fühlen werden, und je mehr Sie sich gehenlassen und Ihren Kummer ausleben, desto eher werden Sie damit fertig.

Sich mit der Tatsache abfinden, daß die Beziehung wirklich auseinandergeht

Irgendwann ist man an dem Punkt angelangt, an dem es einem dämmert, daß die Beziehung wirklich auseinandergeht und daß das im Grunde genommen wohl auch am besten ist. Alle diese Fingerzeige, Anzeichen und sublimen Ängste verdichten sich zu der Erkenntnis, daß sich die Beziehung tatsächlich überlebt hat, zum Scheitern verurteilt ist. Sie hätte keinen Sinn mehr, wenn man auch sein Leben dafür hingeben würde, sie aufrechtzuerhalten. Die Beziehung ist nicht mehr zu retten, an einen Neubeginn ist nicht zu denken.

»Mein Ringen hat zu nichts geführt. Ich habe nichts unversucht gelassen, habe Besserung gelobt, doch davon wollte er nichts wissen. Nichts hat geholfen, alles war umsonst, und nun sehe ich langsam ein, daß es wirklich keinen Zweck mehr hat. ES IST AUS UND VORBEI.«

Auf die Trauerphase, in der man noch auf ein Wunder hofft, folgt die Phase, in der man die Fakten zu akzeptieren beginnt. Die Tränen weisen nämlich auch darauf hin, daß man sich auf einer tieferen, fast primitiven Ebene damit abgefunden hat, daß kein Weg zurückführt, daß nichts mehr zu retten ist. Auf den Kummer und die reinigende Wirkung der Tränen folgt oft eine Phase erstaunlicher Klarheit, in der man sich sagt: »Jetzt sehe ich ein, daß es wirklich aus und vorbei ist.«

»Ich weiß auch nicht wieso, aber nach einer Phase tiefster Verzweiflung, nach Tränenfluten, flehentlichen Versprechungen und Hoffnungen stand mir plötzlich klar vor Augen, daß es aus ist. Obwohl ich mich erst noch richtig von dem Schock erholen mußte, habe ich mich von diesem Augenblick an wieder dem Leben zugewandt. Es bestand ja

keine Hoffnung mehr, die Beziehung wiederaufzunehmen. Also mußte ich die Trennung verwinden. Von da an schöpfte ich wieder neuen Lebensmut.«
Bei den meisten Menschen kommt irgendwann der Augenblick, in dem sich die Erkenntnis, die sie verdrängen wollten, nicht mehr unterdrücken läßt. Sie setzt sich durch, und man muß sie akzeptieren. Mit der Erkenntnis setzt der Heilungsprozeß ein. Erst wenn man sich mit der Tatsache abgefunden hat, daß die Beziehung auseinandergeht, kann man sich neuen Ufern zuwenden.

Das ist alles meine Schuld

Wenn man sich mit der Tatsache auseinandersetzt, daß die Beziehung keinen Bestand mehr hat und daher in die Brüche gehen muß, fragt man sich natürlich nach den Gründen für das Scheitern. Man sucht nach einer Erklärung und fragt sich, wie es zu der Trennung kommen konnte. Für gewöhnlich sagt man sich zunächst einmal: »Ich bin an allem schuld. Ich hatte ja wirklich nur noch die Arbeit im Kopf, da hat sie völlig recht. Ich hätte mich mehr um die Kinder kümmern müssen.«
»Es stimmt ja, ich war wirklich schlampig, habe nie etwas im Haus getan. Sie hat auch recht, wenn sie behauptet, daß ich mir nie habe anmerken lassen, was in mir vorgeht. Immer habe ich alles in mich hineingefressen. Es muß ihr vorgekommen sein, als lebte sie mit einer Statue zusammen. Wenn ich jetzt so im nachhinein darüber nachdenke, frage ich mich, wie sie das all die Jahre ausgehalten hat.«
»Ich habe mich schrecklich benommen, war ein selbstsüchtiger Chauvi und habe sie behandelt wie einen Menschen zweiter Klasse. Ich habe sie überfordert, Unmögliches von

ihr verlangt. Als Liebhaber war ich für sie sicher eine Niete und insgesamt gesehen ein rücksichtsloser Mistkerl. Es stimmt, ich habe sie einfach hingenommen und nur die Ehefrau in ihr gesehen, obwohl sie wie ein Mensch behandelt werden wollte. Ich bin schrecklich, bin ein gräßlicher Kerl. Jetzt ist alles aus, und ich bin schuld daran, nur ich.«

»Es ist alles meine Schuld, ich habe mich fast ausschließlich um die Kinder gekümmert. Die Kinder waren mir am wichtigsten. Es stimmt, daß ich immer herumgelaufen bin wie eine Schlampe. Ich habe mich nur feingemacht, wenn wir in die Kirche gingen oder wenn ich mit Freundinnen zum Essen verabredet war. Er hat völlig recht, ich habe mich für die Kinder und andere Leute verausgabt, so daß für ihn nur noch Brosamen übrigblieben.«

»Ich habe mich tatsächlich wie eine verwöhnte Prinzessin aufgeführt. Im Zusammenhang mit den Kreditkarten bin ich völlig ausgerastet. Kein Wunder, daß er nicht gut auf mich zu sprechen ist, um es einmal milde auszudrücken. Ich verstehe, daß er mich verläßt. Ich habe ihm ja auch ständig mit irgendwelchen Lappalien in den Ohren gelegen. Kein Wunder, daß er den Eindruck hatte, daß ich mir gar nichts aus ihm mache. Immer habe ich von ihm erwartet, daß er eine Lösung findet. Er hat auch recht damit, daß er mir vorwirft, ich hätte ihn immer als selbstverständlich hingenommen. Ich sehe jetzt auch ein, daß ich mich immer passiv verhalten habe. Nie habe ich mich behauptet oder zur Wehr gesetzt. Ich hätte wütend werden sollen, dann hätte er Respekt vor mir gehabt.«

In dieser Phase, in der man nach Gründen für das Scheitern der Beziehung sucht, fallen einem zahllose Dinge ein, die man längst vergessen hatte. Alles, was man sich je hat zuschulden kommen lassen, jedes kleinste Vergehen und Versagen, steht einem urplötzlich wieder ganz deutlich vor

Augen. Während der Beziehung dringen solche Dinge nicht an die Oberfläche, dringen nicht bis ins Bewußtsein vor, weil andere Dinge eine viel wichtigere Rolle spielen. Doch wenn eine Beziehung auseinandergeht, sieht man sich gezwungen, sie als einheitliches Ganzes unter die Lupe zu nehmen. Da kommt es auf das Gesamtverhalten an. Alle Fehlentscheidungen und Unzulänglichkeiten stehen einem plötzlich klar vor Augen, und man sagt sich, daß die Beziehung dadurch in die Brüche gegangen ist. Man hätte sich eben besser in der Gewalt haben müssen. »Ich weiß, wie es dazu gekommen ist«, lautet die Schlußfolgerung. »Es liegt an dem, was ich getan oder nicht getan habe. Ich bin schuld daran, ich ganz allein.«

Zu dieser Schlußfolgerung gelangt man leicht, denn niemand ist vollkommen. Dieses Fazit ist daher auch nicht gänzlich von der Hand zu weisen, denn in der Beziehung benimmt sich jeder manchmal schlecht, handelt grausam oder grob, unmenschlich oder selbstsüchtig. Und wenn man dann am Ende nach einer Erklärung für das Scheitern sucht, kommt einem die naheliegendste wie gerufen. Unser eigenes Fehlverhalten steht uns klar vor Augen. »Kein Wunder, daß es zur Trennung gekommen ist«, sagt man sich. »Ich war ja auch wirklich schlimm. Es ist alles meine Schuld.«

Um die Trennung vor uns selbst zu rechtfertigen, machen wir aus jeder Mücke einen Elefanten, und unsere kleinen Vergehen nehmen Riesendimensionen an. Wir verleihen allem, was wir getan oder unterlassen haben, eine nicht vertretbare Bedeutung. Unser Verhalten hat unserer Meinung nach dazu geführt, daß die Beziehung nicht gehalten hat. Deshalb schlagen wir uns mit entsetzlichen Schuldgefühlen herum. An diesem Punkt wird man mit den Grenzen konfrontiert, die einem als Menschen gesetzt sind.

Wenn eine Beziehung funktioniert und die Partner glücklich miteinander sind, kommt keiner auf den Gedanken, sich zu sagen, es sei eine Schande und entsetzlich störend, daß man die Zahnpastatube nicht richtig aufgerollt und vor dem Einschlafen nicht gesagt habe: »Ich liebe dich.« Da nimmt es der Partner auch nicht tragisch, wenn die Frau mit Lockenwicklern im Haus herumläuft. Und wenn der Ehemann auf einer Party mit der Frau des Freundes flirtet, macht die Ehefrau nicht gleich ein Drama daraus, denn solche Dinge spielen in einer intakten Beziehung nur eine untergeordnete Rolle. Wenn die Beziehung jedoch bröckelt, treten diese Dinge in den Vordergrund. Dann mißt man ihnen große Bedeutung bei, schlägt sich an die Brust und sagt sich: »Es ist alles meine Schuld.«
Daß man so bereitwillig die alleinige Schuld auf sich nimmt, entspringt der Verzweiflung und ist ein weiterer Faktor der Verhandlungstaktik. Man will damit ausdrükken: »Kommst du zu mir zurück, könnten wir doch noch einmal von vorn anfangen. Ich verspreche dir auch eine komplette Liste aller meiner Fehler.«
Dieser Punkt birgt im Trennungsverlauf eine große Gefahr, denn man kann sich damit entsetzlich schaden und sich sein Leben lang nicht mehr davon erholen. Wenn man nämlich darauf beharrt, daß das Scheitern der Beziehung ausschließlich auf eigenes Versagen zurückzuführen ist und die eigenen Unzulänglichkeiten dabei eine entscheidende Rolle gespielt haben, tut man sich damit keinen Gefallen.
Diese Phase gilt es unbedingt zu überwinden, denn die Selbstachtung leidet sehr darunter. Man sollte sich auch einmal mit der Kehrseite der Medaille befassen. Selbstverständlich hat man in der Beziehung allerhand falsch gemacht, und Schuldgefühle sind deshalb durchaus

angebracht. Aber wenn man auch Dinge getan hat, die dem Partner nicht gefallen haben, so heißt das noch lange nicht, daß man an einer Persönlichkeitsstörung leidet oder schwerwiegende Charakterfehler hat. Man weist eben Wesenszüge auf, über die sich der Partner vielleicht ärgert, die aber deshalb nicht schlecht oder negativ sein müssen. Wer sich in dieser Phase der Trennung befindet, sollte sich sagen, daß Schuldgefühle ganz normal sind. Es ist jedoch ungeheuer wichtig, zwischen echter und vermeintlicher Schuld zu unterscheiden und diese Phase irgendwann hinter sich zu bringen.

Du bist an allem schuld

Wir sind mit der Vorstellung groß geworden, daß die Liebe vollkommen ist und alles überwindet, vor allem aber, daß sie ewig währt. Wenn unsere Beziehung trotzdem auseinandergeht, muß es Gründe dafür geben. Wenn es nicht meine Schuld ist, ist es deine Schuld. Die meisten Menschen neigen, wie gesagt, dazu, die Schuld auf sich zu nehmen, sich ganz auf das eigene Fehlverhalten und die eigenen Unzulänglichkeiten einzuschießen und sich in den Gedanken zu verbeißen, daß die Beziehung durch eigenes Verschulden gescheitert sein muß.

Löst diese Vorstellung ein allzugroßes Unbehagen aus, versucht man, die Schuld einem anderen in die Schuhe zu schieben. Man entledigt sich des kratzenden, härenen Hemdes und behauptet: »*Du* bist an allem schuld.« Es ist höchste Zeit, daß man aufhört, die Schuld allein auf sich zu nehmen.

»Du bist an allem schuld, du selbstsüchtiger Dreckskerl, du hast dir nie etwas aus mir gemacht. Alle deine Gedanken

sind immer nur um dich selbst gekreist, um deinen Beruf, um deine Freunde, deine Gesundheit, dein Gewicht, deine Sorgen und Probleme. Du bist an allem schuld. Hättest du mich nicht betrogen, wären wir sicher noch zusammen.«
»Du bist an allem schuld. Wärst du in die Kirche gegangen, hättest du dich mehr um die Kinder gekümmert, mir im Haushalt geholfen, mehr verdient, mit mir gesprochen, anstatt dich in dich selbst zurückzuziehen, wärst du nicht so ein Arbeitstier gewesen, wärst du nicht so ein Tyrann gewesen, nicht so ein Choleriker, hättest du nicht so entsetzlich viel getrunken, wären wir noch verheiratet, wahrscheinlich sogar noch ineinander verliebt.«
»Du bist an allem schuld, du elendes verwahrlostes Miststück. Vielleicht wären wir ja glücklich miteinander geworden, wenn du irgendwann erwachsen geworden wärst. Du hast dir nie etwas aus mir gemacht.«
»Du bist an allem schuld. Du bist viel zu hochnäsig. Du hättest nicht weiterstudieren dürfen. Du bist an allem schuld. Es kommt von diesen verfluchten Kursen zur Bewußtseinsbildung, der Emanzipation der Frauen, dem ständigen Zusammensein mit anderen Frauen. Du hast dich geändert.«
»Du bist an allem schuld. In sexueller Hinsicht warst du hoffnungslos verklemmt. Kein Wunder, daß ich dich betrogen habe. Wie du dich immer angestellt hast, wenn ich etwas von dir wollte. Ewig hast du Kopfweh vorgeschützt. Es ist aus und vorbei, und du bist an allem schuld.«
Irgendwann langt jeder bei dem Trennungsvorgang an dem Punkt an, an dem er behauptet: »Du bist an allem schuld. Deinetwegen trennen wir uns. Es hängt mit deinem Naturell zusammen, deinen Wutanfällen, deinen ewigen Nörgeleien, deiner Hysterie, deiner Zügellosigkeit. Du bist schließlich fremdgegangen. Hättest du dich nicht so danebenbenommen, hätten wir eine gute Ehe führen können.«

Gönnen Sie sich ruhig den Luxus, die Schuld nicht allein auf sich zu nehmen, sondern auch Ihren Partner mit für das Scheitern der Beziehung verantwortlich zu machen. Es ist ganz normal, daß man dieses Stadium durchläuft. Schließlich muß man sich darüber klarwerden, woran die Beziehung gescheitert ist. Sie müssen sich allerdings darüber im klaren sein, daß auch Ihr Partner diese Phase durchmacht. Ihr Partner hat genau wie Sie ein Recht darauf, Ihnen Ihre wirklichen Vergehen vorzuhalten. Natürlich kann es auch sein, daß Ihnen Ihr Partner völlig aus der Luft gegriffene, ungerechtfertigte Vorwürfe macht, weil sich das lindernd auf die verletzten Gefühle auswirkt und er den entsetzlichen Verlust so vielleicht besser verkraftet. Ich muß Sie jedoch warnen. Es kann leicht passieren, daß man in dieser Phase steckenbleibt und sich als Opfer seines früheren Partners sieht. Allzu viele Menschen ergehen sich dann jahrelang oder sogar bis an ihr Lebensende in Selbstmitleid.

Eine Beziehung darf nicht auf eine Art und Weise auseinandergehen, durch die man innerlich zerbrochen, halb wahnsinnig vor Kummer und völlig verwirrt auf der Strecke bleibt. Um zu erkennen, wie es zu der Trennung kommen konnte, müssen wir alle Möglichkeiten in Erwägung ziehen. Ist man selbst dafür verantwortlich, oder trifft die Schuld den Partner? Sind womöglich beide schuld oder keiner von beiden? Man muß die ganze Skala der möglichen Gründe für das Scheitern durchgehen. Erst wenn man jede Möglichkeit bedacht hat, hört man auf, sich festzuklammern, und ist zu einem Neubeginn bereit. Genießen Sie Ihre Schuldzuweisungen und Ihr Selbstmitleid, aber bleiben Sie nicht stehen, und begnügen Sie sich nicht damit, sondern sorgen Sie dafür, daß diese Phase genau wie alle vorherigen vorübergeht.

Wenn man den Stein ins Rollen bringt, bereut man es zuweilen

Sie hatten es also schon seit Jahren gründlich satt und haben sich schließlich dazu aufgerafft, die Beziehung zu beenden. Erstaunlicherweise kommt es dabei oft zu einer Kehrtwende, denn der Partner, der die Initiative ergriff und die Trennung herbeiführte, kann im nachhinein noch in Panik geraten, mit Entsetzen und Verwirrtheit reagieren und plötzlich feststellen: »Lieber Himmel, ich habe den Schritt tatsächlich getan, und jetzt bin ich mir gar nicht mehr so sicher, ob ich das auch wirklich wollte.«

»Als ich ihm vor ein paar Wochen sagte, daß ich mich von ihm trennen will«, erzählte Lynn, »wollte ich ihn eigentlich nur auf die Probe stellen. Jetzt gäbe ich Gott weiß was drum, wenn ich so manches nicht gesagt hätte, denn er hat daraufhin festgestellt, daß er eigentlich genauso denkt.«

»Ich wäre nie darauf gekommen, daß er das gleich für bare Münze nehmen würde. Mir war natürlich klar, daß wir in einer Krise steckten. Viele Anzeichen deuteten darauf hin, daß die Beziehung in die Brüche gehen würde, und ich hatte ihn so satt, daß ich mir eingebildet habe, daß ich wirklich nicht weiter mit ihm zusammenleben wollte, aber ich konnte ja nicht wissen, daß er mich beim Wort nehmen würde. Ich wollte eigentlich nur, daß er sich ändert, damit alles wieder klappte. Wahrscheinlich wollte ich nicht wahrhaben, wie hoffnungslos verfahren unsere Lage war, daß das Ende schon längst vorprogrammiert war.«

»Ich habe sie schon seit Wochen nicht gesehen und auch nicht gesprochen«, sagte Jim. »Sie fehlt mir, das gebe ich ganz offen zu. Ich habe zwar für die Trennung plädiert, doch jetzt bin ich mir gar nicht mehr so sicher, ob das richtig war. Wahrscheinlich war ich ein wenig voreilig. Was ich mir vorgestellt habe, ist bestimmt nicht praktikabel. Ich weiß nicht mehr, was ich denken soll. Eigentlich hatten wir es doch sehr schön miteinander. Ich bin seitdem ein paarmal mit anderen Frauen ausgegangen – eine wie die andere völlig indiskutabel, die reinste Katastrophe. Ab und zu bin ich abends auch in Bars gelandet. Der reinste Dschungel, das hatte ich schon ganz vergessen. Jetzt bin ich völlig durcheinander. Manchmal frage ich mich, ob es nicht eine Riesendummheit war, mich von ihr zu trennen.«

Dieses Gefühl stellt sich oft ein paar Wochen nach der Trennung ein, aber auch schon, wenn man sich damit abgefunden hat, daß die Trennung unvermeidlich ist. Anfänglich ist man erleichtert, wenn der Entschluß gefaßt ist und man ihn in die Tat umgesetzt hat, doch die Freude versiegt rasch, wenn man die Konsequenzen zu spüren bekommt – das Bett neben einem ist leer, an den Wochenenden weiß man nichts mit sich anzufangen, im Haus herrscht Grabesruhe, man nimmt die Mahlzeiten allein ein. Da ist es auch kein Trost, daß die Zahnpastatube jetzt superordentlich aufgerollt ist. Die Aussichten sind nicht so rosig, wie wir sie uns vorgestellt hatten.

Selbst wenn man sich ganz sicher ist, daß es keinen Sinn mehr hat, die Beziehung aufrechtzuerhalten, und wenn man sich über die Gründe ganz genau im klaren ist, kommt es häufig zu einer Gegenreaktion, wie sie Lynn und Jim beschreiben. Das liegt daran, daß jede Beziehung auch ihre positiven Seiten hat. Denn ohne diese Dinge, die versöhnlich stimmen, hätte man sich gar nicht erst auf die Beziehung eingelassen. Wenn man sich aufgrund all der negativen Aspekte endlich dazu durchgerungen hat, einen Schlußstrich zu ziehen, drängen sich die positiven Aspekte plötzlich wieder in den Vordergrund und verfolgen einen wie Hamlets Geist.

Derjenige, von dem die Initiative zum Abbrechen der Beziehung ausgeht, ist emotionell noch gar nicht in der Lage, den von ihm gefaßten Entschluß zu verkraften. Dazu muß man erst die vorausgegangenen und hier genannten Gefühlsstadien durchlaufen. Oft bekommen diejenigen, die für die Trennung waren, im letzten Moment noch kalte Füße und flehen den Partner an: »Komm bitte zurück, und denk nicht mehr an das, was ich gesagt habe. Es war nicht ernst gemeint.« Oder sie machen ein schweres emotionelles Trauma durch, weil sie etwas angekurbelt haben, worauf sie emotionell noch gar nicht vorbereitet sind. Sie bilden sich nur ein, daß sie der Beziehung überdrüssig sind, und wiegen sich in der Illusion, daß sie morgens beim Aufwachen nie wieder das verhaßte Gesicht des Partners neben sich sehen wollen. Doch wenn die Trennung dann vollzogen ist und sie erleben, wie es ist, ohne das verhaßte Gesicht neben sich aufzuwachen, bekommen sie es plötzlich mit der Angst zu tun. Sie sind ganz auf sich gestellt, und da dämmert es ihnen, daß der Partner nicht an *allem* schuld war. So übel war der Partner eigentlich gar nicht. Eine Frau drückte das einmal so aus: »Ich weiß gar nicht, was an dem Leben mit meinem Mann so schlimm war. Jedenfalls fühle ich mich jetzt kein bißchen besser.«

Deutet dieses mangelnde Wohlbefinden darauf hin, daß derjenige, der sich unbedingt vom Partner trennen wollte, das jetzt am liebsten wieder rückgängig machen würde? Manchmal ist es tatsächlich so, aber in den meisten Fällen bedeutet es lediglich: »Ich habe Angst. Ich habe einen lebenswichtigen Entschluß gefaßt, ohne die furchterregenden Folgen zu bedenken.« Oder auch: »Ich habe einen lebenswichtigen Entschluß gefaßt, und dadurch hat sich allerhand ergeben, was ich nie erleben wollte. Ich hatte mir wirklich eingebildet, daß alles nur seinet- bzw. ihretwegen

so problematisch war, doch die Probleme sind auch ohne ihn bzw. ohne sie noch da. Es muß also an mir liegen.«
Wenn die Trennung vom Partner nur ein Schachzug war, um die eigenen Probleme zu verdrängen und man sich vorgenommen hat, sie durch die Trennung zu lösen, stellt sich vielleicht heraus, daß man die Beziehung wieder neu einfädeln möchte. Für gewöhnlich ist es aber so, daß die Beziehung wirklich zum Scheitern verurteilt war, wenn Sie sich darüber klarwerden, daß sie nicht mehr tragbar ist und die Konsequenzen ziehen, wobei es keine Rolle spielt, welche Unzulänglichkeiten Sie an sich entdecken.
Kommen einem Zweifel, ob die Entscheidung richtig war, liegt das daran, daß man Angst hat. Man muß lernen, mit der Angst umzugehen. Wenn einen im Anschluß daran an der Beziehung noch immer etwas gefangenhält und man sich nicht lösen kann, muß man die Lage überdenken. Vielleicht nimmt man die Beziehung für eine Weile wieder auf, um den ganzen Trennungsvorgang zu einem späteren Zeitpunkt noch einmal zu durchleben. Doch wenn man erst einmal an diesem Punkt angelangt ist, kommt man meistens zu der Einsicht, daß man am besten einen Schlußstrich zieht. Nur die emotionelle Gegenreaktion macht einem noch zu schaffen. Für gewöhnlich ist derjenige davon betroffen, der die Trennung in die Wege leitet, denn die emotionelle Last, die diese Entscheidung in sich birgt, ruht auf seinen Schultern, und er muß davon überzeugt sein, daß er für beide richtig entschieden hat. Diese irgendwie künstliche Gewißheit bewirkt genau zu diesem Zeitpunkt, daß man die Beziehung als Gegenreaktion in einem positiven Licht sieht. Es ist alles andere als einfach, diese Phase zu bewältigen, denn man muß sich ja darüber im klaren sein, daß die Beziehung auch ihre positiven Seiten hatte. »Ja, ich sehe ein, wie unsinnig diese Schwarzweißmalerei

ist. Die Beziehung hatte auch ihr Gutes. Die Erinnerung an schöne Zeiten steigen wieder in mir auf, zeitweilig haben wir uns doch sehr gut verstanden. Ich weiß noch genau, wann wir uns ineinander verliebt haben, und der Abend, an dem wir auf dem Fluß Kanu gefahren sind, steht mir noch deutlich vor Augen.«

Solche schmerzlichen, herzergreifenden Erinnerungen können einen immer wieder überfallen und einem vor Augen halten, daß die Beziehung durchaus auch ihre positiven Seiten hatte, daß die Zeit, die man miteinander verbracht hat, mitunter auch sehr erfreulich war. Obwohl man fest davon überzeugt war, daß alles endgültig aus und vorbei ist, kommt es noch öfter zu solchen Stimmungsschwankungen. Das kann in diesem Stadium natürlich sehr verwirrend sein, und deshalb muß man stark bleiben und sich sagen, daß auch die schönsten, zärtlichsten Erinnerungen nicht dahin führen dürfen, daß man den einmal gefaßten Entschluß wieder rückgängig macht.

Daß man nicht darauf gedrungen hat, heißt noch lange nicht, daß man nicht darauf erpicht ist

Nicht nur der Partner, der die Initiative ergreift und von dem die Trennung ausgeht, wird durch die positiven Seiten der Beziehung stark verunsichert, auch das ›Opfer‹ macht eine wunderliche Phase durch. Der Partner, dem eröffnet wird, daß ihn der andere verlassen will, bringt die schon beschriebenen Anfangsstadien oft nicht so schnell hinter sich. Vor allem die Phase »Ich kann nicht glauben, daß mir das widerfährt« macht ihm sehr zu schaffen. Obwohl der Leidtragende sich nicht bewußt mit dem Gedanken auseinandergesetzt hat, daß die Beziehung keinen Sinn mehr hat und eine Trennung das einzig Wahre ist, dämmert auch ihm diese Erkenntnis. Im Anschluß daran hält sich der Verlassene vor Augen, welche Möglichkeiten sich ihm nach der Trennung bieten. Genaugenommen ist der Verlassene beinahe erleichtert, daß es so weit gekommen ist.

Eigentlich ist das eine erstaunliche Reaktion.

Das kommt wahrscheinlich daher, daß der Verlassene sofort in die tiefste Verzweiflung gestürzt wird. »Ach, wie schön haben wir es doch gehabt. Was soll nur aus den Kindern werden?« »Aber ich liebe dich doch. Wie soll ich das nur überstehen? Ohne dich bin ich verloren. Ich werde vor Kummer sterben, nie wieder jemanden lieben können.« Das ›Opfer‹ versinkt in einer abgrundtiefen Trauer, die sich reinigend und läuternd auswirkt, so daß einem Neubeginn nichts mehr im Wege steht. Die ›Opfer‹ stellen fest, daß das Leben noch allerhand zu bieten hat, wenn sie die Trennung erst einmal verkraftet und den Kummer überwunden haben. Im nachhinein fragt sich das ›Opfer‹ oft verwundert, wie es da hineingeraten konnte.

»Ich dachte, ich würde es nicht überleben«, erzählte eine Frau. »Ich will damit sagen, daß ich wirklich davon überzeugt war, daß ich sterben würde, als er mir eröffnete, daß er mich verlassen will. Nachdem ich 24 Jahre nackt neben ihm geschlafen hatte, konnte ich mir ein Leben ohne ihn überhaupt nicht vorstellen. Ich lebte praktisch von einem Tag zum anderen, ohne Selbstmord zu begehen. Eines Tages sagte ich mir dann: ›Sieh mal einer an, ich bin ja noch am Leben. Das Leben ist eigentlich ganz schön, vielleicht sollte ich mir mal überlegen, wie ich es gestalte.‹

Das war der Wendepunkt. Ich fühlte mich nicht mehr als Opfer, sondern sagte mir beglückt, daß mir jemand eine zweite Chance gegeben hatte. Nun bot sich mir die Chance

zu einem Neuanfang. Ich konnte mein Leben als alleinstehende Frau gestalten, wie ich wollte. Niemand konnte mir mehr dreinreden, alles lag ganz allein bei mir. Bei der Trauung hatte es geheißen: ›Bis daß der Tod euch scheidet‹, deshalb hätte ich nie gedacht, daß ich noch einmal ganz auf mich gestellt sein würde.
Als Alleinstehende schwebte mir ein ganz anderes Leben vor als das, welches ich mit ihm geführt hatte. Nachdem er mich verlassen hatte, begann ich erst, eine eigene Persönlichkeit zu entwickeln. So gesehen bin ich ihm sogar zu Dank verpflichtet.«
So sehen die ›Verlassenen‹ das häufig. Verwundert stellen sie fest, daß sie ihrem früheren Partner dankbar sind. Viele Menschen, denen mit der Trennung der Boden unter den Füßen weggezogen wurde, kommen später zu der Einsicht, daß sich ihnen dadurch Entwicklungschancen eröffnet haben, die sie nicht vorhersehen konnten. Wären sie nicht ›verlassen‹ worden, hätten sie vermutlich niemals den Mut aufgebracht, auf eigene Faust etwas zu unternehmen, etwas für sich zu tun. Oft sind sie von einer sonderbaren Dankbarkeit erfüllt, anstatt demjenigen zu zürnen, der ihnen ›den Stuhl vor die Tür gesetzt‹, ihnen ›das Herz gebrochen‹ oder sie ›verlassen‹ hat.
Oft dauert es eine ganze Weile, bis man zu dieser Erkenntnis kommt. Manchmal geschieht das erst nach Jahren, wenn man eine andere Beziehung mit einem Partner eingegangen ist, der besser zu einem paßt (»Hätte Bill mich nicht verlassen, wäre ich Paul nie begegnet.«). Manchmal sieht man aber auch schon bald ein, daß man allen Grund hat, dem Partner dankbar zu sein. Das ist meistens bei denjenigen der Fall, die ihr Leben rasch wieder in den Griff bekommen haben.
Phil erholte sich erstaunlich schnell. Eines Tages kam seine

Frau nach Hause und »eröffnete mir aus heiterem Himmel, daß sie schon seit zwei Jahren ein Verhältnis mit einem unserer besten Freunde hatte und daß sie zu ihm ziehen wolle. Ich war wie vom Donner gerührt. Mir blieb gar keine Zeit, auch nur einen klaren Gedanken zu fassen. Denn kaum hatte mir meine Frau gestanden, daß sie mich seit zwei Jahren betrog, da packte sie auch schon ihre Koffer und verschwand. Es war, als hätte es die vergangenen fünfzehn Jahre nie gegeben. Wegoperiert durch einen chirurgischen Eingriff.

Ich folgte ihrem Beispiel und stellte in einer dramatischen Aktion das ganze Haus auf den Kopf. Aus ihrem Nähzimmer machte ich ein Arbeitszimmer. Ich kaufte mir ein neues Bett und Bettwäsche, die mir für einen Mann geeigneter erschien. Dann raffte ich mich zu Dingen auf, die ich seit Jahren nicht mehr getan hatte. Ich trieb wieder Sport, ging aus und nahm mich und meine Ziele ernster. Der dynamische, tüchtige Mensch, der ich eigentlich war, kam wieder zum Vorschein. Meine Ehe ging in die Binsen und fiel von mir ab. Ich kam mir vor wie eine Schlange, die sich häutet. Darunter lag mein wahres Ich schon auf der Lauer und wartete nur darauf, die Initiative zu ergreifen und sich ausleben zu dürfen.«

Nachdem man die verschiedenen Stadien der Trennung überwunden hat, stellt man verwundert fest, daß das Leben nach dem Ende der Beziehung tatsächlich weitergeht. Das kann man getrost als Geschenk betrachten. Noch viel erstaunlicher ist aber die Lebensqualität. Noch nie ist mir ein Mensch begegnet, der sich emotionell gründlich mit der Beziehung auseinandergesetzt hat, mit sich ins reine gekommen ist und von sich behaupten könnte: »Ich wünschte, es wäre noch alles beim alten. Wäre das doch bloß nicht passiert.« Trotz der schmerzlichen Erfahrung sagen sich die Betroffenen, daß das Ende vorprogrammiert und unvermeidlich war und daß ihnen die Beziehung allerhand gebracht hat. (Übrigens ist mir noch niemand begegnet, der den Wunsch geäußert hat, es hätte die Beziehung nie gegeben – obwohl sie inzwischen gescheitert ist. Alle sind sich darüber einig, daß die Beziehung lohnend war und sie davon profitiert haben.)

Ich erlebe es oft, daß sich die ›Verlassenen‹ schneller wieder fangen als diejenigen, von denen die Trennung ausging. Meines Erachtens liegt das daran, daß die Leidtragenden gezwungen sind, ihre Trauerarbeit zu leisten und sich mit den Gegebenheiten abzufinden, weil ihnen gar nichts anderes übrigbleibt. Sie sind dermaßen am Boden zerstört, daß sie sich notgedrungen überlegen *müssen,* wie sie diese Katastrophe überleben sollen. Um sich sagen zu können, daß die Beziehung durchaus ihre Daseinsberechtigung hatte, und auch das Positive nicht zu übersehen, das die Trennung in sich birgt, müssen sie die gesamte Gefühlsskala vehement durchleben, bis sie wieder mit sich im reinen sind.

Ich bin nicht mehr ich selbst

Meistens stellt man während einer der vielen Trennungsphasen plötzlich fest, daß man gar nicht mehr man selbst ist.

Jede Beziehung – selbst eine ungute – wirkt sich stabilisierend auf das Leben aus. Sie ist der Gradmesser für das Fühlen und Denken, für die Hoffnungen der Partner. Direkt und indirekt liefert sie die Richtlinien für das Verhalten.

In einer Beziehung weiß der Partner für gewöhnlich, wo

man sich gerade aufhält und was man gerade tut. Er kann sich ausrechnen, ob man nüchtern oder betrunken sein wird. Er weiß, ob man Raucher oder Nichtraucher ist, wann man zur Arbeit geht und wann man wieder heimkommt. Er weiß auch, was einem im Beruf zu schaffen macht und was einen über einen schrecklichen Tag im Büro oder einen langweiligen Tag zu Hause allein mit den Kindern hinwegtrösten kann.

Die Beziehung grenzt also auf ganz subtile Weise unsere Gewohnheiten und Verhaltensweisen ab. Sie setzt uns nicht nur Grenzen, sondern eröffnet uns auch viele Möglichkeiten. Wir können zum Beispiel sicher sein, daß wir nicht allein ins Kino zu gehen brauchen, daß wir beim Essen einen Gesprächspartner haben, und wir dürfen uns sagen, daß sich jemand besorgt oder auch wütend fragt, wo wir eigentlich stecken. In einer Beziehung hat man eine Bezugsperson, einen Gegenpart, zu dem man immer wieder heimkehrt. Es gibt da einen Gegenpol, ein anderes Lebewesen auf der Welt, das auf einen eingespielt ist.

Wenn eine Beziehung in die Brüche geht, gerät das mühsam errichtete Gerüst ins Schwanken, bis es in sich zusammenfällt. Das gilt sowohl für klar umrissene Dinge (»Wir sind doch am Freitagabend immer zusammen ins Kino gegangen«) als auch für die subtileren Aspekte (»Für mich ist er ein Fels in der Brandung«, »Sie ist die einzige, die sich wirklich etwas aus mir macht«). Doch plötzlich stehen wir ohne die gewohnten Gesetzmäßigkeiten da, ohne den Unterbau vertrauter Gewohnheiten und Rituale. Und ohne den Nutzen, den wir daraus ziehen konnten.

Dadurch entsteht eine Leere, die die Betroffenen verunsichert, so daß sie sich einfach treiben lassen. Sie bringen Sachen fertig, die nicht typisch für sie sind. Sie unterlassen vieles, was ihnen in der Beziehung ein Bedürfnis war, oder sie tun Dinge, die sie sich nie zugetraut hätten.

»Ich habe wieder angefangen zu rauchen. Ich hatte seit fünf Jahren nicht mehr geraucht, doch da habe ich *tatsächlich* wieder angefangen.«

»Ich habe angefangen zu rauchen. Dabei bin ich 42 Jahre alt, und habe noch nie im Leben geraucht. Ist es nicht ein Witz, im Alter von 42 Jahren noch mit dem Rauchen anzufangen?«

»Ich bin festgenommen worden, weil ich betrunken Auto gefahren bin. Nicht zu fassen, ich kann es selbst kaum glauben. Sich so vollaufen zu lassen! Aber ich wollte meinen Kummer eben in Alkohol ertränken.«

»Ich habe schon zehn Pfund abgenommen, weil ich keinen Bissen mehr runterbringe.«

»Ich habe zehn Pfund zugenommen, weil ich am laufenden Band esse. Wenn ich wie ein Gespenst im Haus herumschleiche, stopfe ich in mich hinein, was mir in die Hände fällt.«

»Ich habe die Arbeit hingeworfen. Solange sie noch da war, erschien mir die Arbeit gar nicht mal so unerträglich, weil ich einen Sinn darin sah. Aber jetzt hat alles keinen Sinn mehr.«

»Ich habe mir den Schädel kahlgeschoren. Ich weiß selber nicht, warum.«

»Ich habe fünf Strafmandate bekommen. Mein Führerschein ist eingezogen worden. Da fahre ich nun schon seit sechzehn Jahren und habe mir noch nie einen Strafzettel eingehandelt. Jetzt bin ich immer geistesabwesend beim Autofahren und rase wie ein Irrer. Das konnte ja nicht gutgehen.«

Daß sich die Betroffenen ganz anders verhalten, als es ihrem Wesen entspricht, zeigt deutlich, unter was für einer

Anspannung sie stehen, wenn eine Beziehung auseinandergeht. Man versucht, mit dieser Anspannung zurechtzukommen, indem man sein Verhalten schleunigst ändert, um sich der neuen Situation anzupassen. Das hat manchmal negative Folgen.
Aber mit der veränderten Verhaltensweise reagiert man nicht nur auf die Anspannung, von den Betroffenen werden ja auch alle möglichen Änderungen verlangt. In gewissem Sinne wird einem durch das Ende einer Beziehung etwas Wichtiges übermittelt. Es ist, als wollte einem jemand sagen: Sieh mal, es hat sich doch schon allerhand geändert. Bist du bereit und bringst du den Mut auf, noch mehr zu ändern? Diese Möglichkeit bietet sich dir jetzt.
Eine Verschiebung oder Verlagerung nichtiger Angewohnheiten leitet in dieser schwierigen Übergangsphase die oft dramatische Wandlung ein, die sich in den Betroffenen vollzieht. Sie bewegen sich hinfort auf einer völlig neuen Flugbahn.

Erneute Selbstfindung

Wenn eine Beziehung in die Brüche gegangen ist, fällt den Betroffenen oft auf, wieviel sie in den Partner oder in die Beziehung investiert haben. Ständig so zurückzustehen, grenzt an Selbstverleugnung oder Selbstaufgabe.
Nach der Trennung sieht sich so mancher gezwungen, erneut an seiner Selbstfindung zu arbeiten, nachdem er das eigene Ich ganz der Beziehung oder dem Partner untergeordnet hatte. Diese Wiederentdeckung bzw. Wiederinbesitznahme des eigenen Ichs ist eine faszinierende Erfahrung. »Zum erstenmal seit vierzehn Jahren habe ich meine Golfschläger wieder ausgegraben«, erzählte Sam.

»Ich war mir nicht einmal sicher, ob ich noch damit umzugehen weiß. Meine Frau war immer dagegen, daß ich Golf spiele. In ihren Augen ist Golf ein geistloses Spiel, und es tat ihr um das Geld leid. Es liegt schon Jahre zurück, da habe ich eines Tages die Golfschläger weggepackt und sie nie wieder angerührt.«

»Ich schminke mich jetzt wieder«, berichtete Jessica. »Und ich trage auch wieder Schmuck. Jetzt endlich ziehe ich auch wieder Kleidung in Farben an, die ich schon ewig nicht mehr getragen habe. Ich weiß nicht, was Phil daran nicht paßte – ob er sich bedroht fühlte oder ob er das unnatürlich fand –, aber er bekam regelmäßig einen Anfall, wenn ich mal einen Lippenstift benutzte. Ich habe den Lippenstift immer im Wagen versteckt wie ein Jugendlicher, der heimlich etwas in den Wagen schmuggelt. So konnte ich jederzeit Lippenstift auftragen, wenn ich irgendwo hinfuhr, wo ich gern hübsch aussehen wollte. Aber manchmal habe ich vergessen, den Lippenstift wieder abzuwischen, bevor ich unser Haus betrat. Da hat er mir eine furchtbare Szene gemacht – so wie Frauen ihren Männern eine Szene machen, wenn sie Lippenstiftspuren auf seinem Hemdkragen finden. Es war wirklich absurd. Jetzt habe ich meine glamouröse Seite sozusagen wieder in Besitz genommen. Ich kann mich feinmachen und mich herausputzen, wann immer mir danach zumute ist. So bin ich nun einmal veranlagt, und solange ich diese Seite in mir unterdrücken mußte, kam ich mir wie ein Krüppel vor. Ständig mußte ich mich verstellen.«

Eine andere Variante der Wiederinbesitznahme ist die Zeit, die einem plötzlich zur Verfügung steht. Lee konnte es nicht fassen, wieviel Zeit er seit der Trennung hatte. »Während der Zeit mit Irene hatte ich niemals das Gefühl, frei über meine Zeit verfügen zu können. Immer hieß es: Tu dies, tu jenes, das muß repariert werden usw. Bisher ist mir das nicht aufgefallen, aber jetzt, wo ich endlich Zeit für mich habe, stelle ich fest, daß es vieles gibt, was ich gern machen möchte.«

Sandy, die das Gefühl nicht loswurde, als sei ihr Haus die Domäne ihres Mannes, ging bei der Wiederinbesitznahme ganz planmäßig, fast schon generalstabsmäßig vor. »Ich beschloß, alles im Haus, was mich zu sehr an ihn erinnerte, zu ändern oder zu entfernen. So leistete ich mir zum Beispiel endlich einmal Bettwäsche mit Spitzenbesatz und Blumenmuster, die ihm ein Graus gewesen wäre. Nun durfte ich mir gönnen, woran ich schon immer Freude hatte!«

Wenn die Leute nach der Trennung wie umgewandelt sind, können sie es oft selbst kaum fassen.

»Ich bin Mitglied in einem Sportverein geworden.«

»Ich habe mit dem Joggen angefangen. Da fällt die ganze Anspannung von einem ab, und man hat das Gefühl, etwas für seine Gesundheit zu tun.«

»Ballett hatte mich eigentlich nie sonderlich interessiert, doch jetzt nehme ich sogar Unterricht.«

»Ich bin ein richtiger Einsiedler geworden. Während unserer Beziehung wurde ich ständig von mir abgelenkt. Ich hatte einen Horror vor dem Alleinsein, denn das hätte ja bedeutet, mit dem eigenen Ich konfrontiert zu werden. Jetzt lerne ich mich endlich besser kennen.«

»Ich bin ein geselliger Mensch geworden und komme mir wie ein Schmetterling vor, der von Blume zu Blume flattert, so wie ich von Party zu Party. Ich war immer furchtbar schüchtern. Mein Mann war mein Beschützer. Seit mich niemand mehr beschützt, bin ich ganz auf mich gestellt. Ich genieße das, und ich komme allmählich dahinter, daß ich im Grunde genommen ein geselliger Mensch bin.«

»Ich habe mich ganz neu eingekleidet. Während unserer

Ehe war sie immer die Modepuppe, und nun entpuppe ich mich selbst als Modenarr.«

»Ich habe weiterstudiert. Früher hat sich bei mir alles nur um ihn gedreht, doch jetzt, wo er nicht mehr da ist, mußte ich mir etwas einfallen lassen.«

»Ich habe das Jurastudium an den Nagel gehängt, weil ich sowieso nicht Anwalt werden will. *Sie* hat sich das erträumt.«

»Ich habe eine neue Stellung angenommen. Nachdem er mir einen Fußtritt versetzt hatte, habe ich mir gesagt: ›Was soll's, fängst du eben nochmal ganz von vorn an.‹ Und genau das habe ich getan.«

»Endlich habe ich Freude am Leben. In der Ehe war ich ein sehr ernster Mensch, habe immer die Rechnungen bezahlt, und die Verantwortung hat auf mir gelastet. Im nachhinein muß ich sagen, daß es sich nicht gelohnt hat. Das Leben besteht nicht nur aus Arbeit. Man kann dem Leben auch schöne Seiten abgewinnen.«

»Ich habe das Rauchen aufgegeben, weil mir klargeworden ist, daß ich mich damit systematisch umbringe. Schon seit Jahren habe ich mich mehr tot als lebendig gefühlt. Jetzt geht es mir glänzend, ich fühle mich wie neugeboren.«

»Ich habe aufgehört zu trinken. In dieser Beziehung waren wir eine verschworene Gemeinschaft, wenn auch eine selbstzerstörerische. Nachdem sie mich verlassen hatte, sagte ich mir, daß ich von nun an bewußt leben will – und zwar ständig.«

Die erneute Selbstfindung bzw. Wiederinbesitznahme des eigenen Ichs ist eine Wendemarke im Verlauf der Trennung, denn damit wird der Heilungsprozeß eingeleitet. Man taucht wieder aus dem Dunkel auf und sieht nicht mehr alles in einem schwarzen Licht. Die positiven Aspekte der Trennung treten mehr in den Vordergrund. Neue Perspektiven eröffnen sich einem, Begabungen und Vorlieben brechen sich Bahn, die vielleicht seit der Kindheit brachgelegen haben. Je mehr man wieder zu sich selbst findet und Verschüttetes ausgräbt, desto leichter fällt es einem, sich mit der Trennung vom Partner abzufinden und das Scheitern der Beziehung endgültig zu akzeptieren.

Das Räderwerk ist eingerastet

Manchmal bekomme ich zu hören: »Er ist weg« oder »Sie ist zwar ausgezogen, aber wie kann ich sicher sein, daß es wirklich aus und vorbei ist? Mir kommt es nämlich noch immer nicht so vor.«

Die bereits beschriebenen Stadien liegen hinter einem: Man ist ausgezogen, die Tinte auf der Scheidungsurkunde bereits getrocknet, man hat den Verlobungsring schätzen lassen und einem Juwelier verkauft, da sollte man doch meinen, daß die Sache endgültig ausgestanden ist. Trotzdem gibt es noch kleine Ungereimtheiten. Irgendwie fühlt man sich dem Partner immer noch verbunden, geheimnisvolle Stimmen flüstern einem zu: »Bist du sicher, daß du das Richtige getan hast?« Ist es tatsächlich vorbei, oder soll man es sich doch noch anders überlegen, tief Luft holen und von vorn anfangen?

Im Verlauf der Trennung kommt es irgendwann zu einem Vorfall, der einem deutlich vor Augen führt, daß die Beziehung niemals und auf keinen Fall mehr zu etwas führen kann, wenn man sich auch noch immer nicht ganz losgerissen hat. Dieser Vorfall prägt sich einem so tief ein, daß man nie mehr schwankend wird. Ich würde das so bezeichnen: »Das Räderwerk ist eingerastet.«

Es geschieht zuweilen, daß ein Paar, das sich bereits getrennt hat, es mit der Angst zu tun bekommt und deshalb noch ein letztes Mal zusammen essen geht oder noch einmal zusammen schläft. Da geschieht dann etwas, das bewirkt, daß ihnen blitzartig klar wird, wie richtig es war, sich zu trennen. Das letzte Quentchen Widerstand versiegt, die letzten Zweifel werden ausgeräumt.

»Wir hatten uns schon drei Monate zuvor getrennt, doch eines Abends hatte ich komischerweise das Bedürfnis, noch einmal mit ihm zu schlafen. Es war wie immer mittelmäßig, doch etwas anderes gab mir dann endgültig den Rest. Mitten in der Nacht drehte er sich im Bett um und traf mich dabei mit dem Ellenbogen genau ins Auge. Ich dachte, ich würde bis an mein Lebensende auf dem Auge blind sein. Da war ich endgültig kuriert.«

»Für mich war der Augenblick gekommen, als wir noch einmal gemeinsam essen gingen, nachdem wir schon ein halbes Jahr getrennt gelebt hatten. Bob trank vor dem Essen schon vier Drinks, und zum Essen trank er Wein. Als wir das Lokal verließen, konnte er kaum noch gerade gehen. Zu allem Überfluß schlug er auch noch vor: ›Wollen wir nicht noch irgendwo was trinken?‹ Da wurde mir schlagartig klar, daß er Alkoholiker war. Auch die Tatsache, daß er mich verloren hatte, hatte ihn nicht ernüchtert. Er hatte noch immer nichts gegen seine Trunksucht unternommen.«

Eine Frau berichtete: »Als ich in die Küche kam und sah, daß er das Geschirr schon wieder nicht gespült hatte, bin ich ausgerastet.« Eine andere Frau erzählte: »Ich kann es mir selbst nicht erklären, aber als er wieder einmal sagte, er dächte nicht daran, sich nach einer Stellung umzusehen, hatte ich endgültig die Nase voll. Damit war die Sache für mich ausgestanden.« Ein Mann sagte: »Für mich war alles gelaufen, als sie das letzte Mal das Konto überzog. Da wußte ich, daß uns nichts mehr verbindet.«

Ein Geschäftsmann berichtete, daß der Fall für ihn endgültig ausgestanden war, als er schwierige Kunden zu bewirten hatte. »Ich rief nach meiner Frau und sagte: ›Schatz, komm doch bitte mal und hilf mir.‹ Daß sie müde war, sah ich ja noch ein. Trotzdem hätte sie in diesem ganz besonderen Fall nicht so reagieren dürfen. Da war für mich alles gelaufen. Ich sah sie endlich so, wie sie war. Und ändern würde sie sich nie.«

All diese Leute erzählen hier von dem Augenblick, in dem ihnen ein Licht aufging. Durch die von ihnen geschilderten Vorfälle war ihnen bewußt geworden, daß sie an einem Wendepunkt angelangt waren. Von da an gaben sie sich keinen Illusionen mehr hin, sondern wußten, daß die Beziehung endgültig ausgestanden war. Zu dieser Einsicht kann es während der Trennung kommen, diese kann das Auseinandergehen beschleunigen. Es kann aber auch sein, daß man erst zu dieser Einsicht kommt, wenn die Trennung schon vollzogen ist.

Für gewöhnlich dauert es eine ganze Weile, bis man das Für und Wider einer Trennung gründlich gegeneinander abgewogen hat, doch irgendwann ist man dann an einem Punkt angelangt, an dem man sich keine Illusionen mehr macht. Etwas ganz Triviales kann der Anlaß sein. Wenn der Ehemann zum Beispiel heimkommt und feststellen muß, daß seine Frau wieder einmal nichts gekocht hat. Es kann aber auch eine Entdeckung sein, die einen furchtbar mitnimmt – wenn sich zum Beispiel herausstellt, daß der Ehemann ein Kinderschänder ist. Jedenfalls rastet in einem solchen Augenblick irgend etwas ein, und man weiß, daß es kein Zurück mehr gibt. Es verbindet einen nichts mehr miteinander.

Kein Weg führt mehr zu meinem Herzen

Ist man erst einmal so weit gekommen, daß man aus der Wohnung ausgezogen oder geschieden ist, daß man mit einem anderen geht oder sich inzwischen verschiedenen anderen zugewandt hat, kann es sein, daß man eines Tages beim Aufwachen feststellt, daß das Herz nun gar nicht mehr für den einstigen Partner schlägt, daß man sich ihn bewußt aus dem Herzen gerissen hat. Inzwischen hat man nämlich die fast schon erlahmten Schwingen ausgebreitet und genießt seine Unabhängigkeit, man hat sich ganz neu eingekleidet, sich eine neue Frisur zugelegt, oder man treibt Sport. Man trinkt vielleicht inzwischen mehr oder weniger, hat möglicherweise das Rauchen aufgegeben oder angefangen zu rauchen, man ist ein anderer Mensch geworden.

Emotionell hatte einen die Beziehung nämlich tief im Unterbewußtsein immer noch belastet. Das ist nun nicht mehr der Fall. Man sieht den Partner jetzt ganz objektiv und denkt nicht mehr sehnsüchtig, bedauernd oder wütend an den Menschen, den man einmal geliebt hat. Ressentiments, Enttäuschungen und Kummer kommen nicht mehr auf. Der einstige Partner ist jetzt nur noch ein Mensch, den man einmal gekannt hat und der einen auf dem Lebensweg ein Stück begleitet hat. Man denkt an ihn, wie man an Freunde aus der Schulzeit, aus dem Ferienlager oder an Kriegskameraden denkt. Oder vergleichbar mit Leuten, die man aus der Gruppentherapie oder aus der Kirche kennt, die man bei den Anonymen Alkoholikern, im Bridgeclub oder im Sportverein kennengelernt hat. Auch solche Freundschaften oder Bekanntschaften gehen unter bestimmten Umständen auseinander. Genauso ergeht es uns mit unseren Ehepartnern oder Geliebten. Irgendwann erlischt die gefühlsmäßige Bindung, wie eng sie auch gewesen sein mag.

»Vor vier Jahren haben wir uns getrennt«, berichtete eine Frau. »Seitdem bin ich mir die meiste Zeit wie ein Krüppel oder eine Amputierte vorgekommen. Aber vorige Woche kam seine Mutter zu Besuch, und wir sind zusammen essen gegangen. Da habe ich ihn über den Tisch hinweg angesehen und mir gesagt: ›Ich empfinde nichts mehr für ihn. Er ist mir nicht einmal mehr unsympathisch.‹« Womit sie sagen wollte, daß es in ihrem Herzen keinen Platz mehr für ihn gab. Er konnte keine Gefühle mehr in ihr erwecken.

Es kann sehr lange dauern, bis man für den Partner absolut nichts mehr empfindet. War die Beziehung aber schon längere Zeit nicht mehr in Ordnung oder in Auflösung begriffen, geht das sehr viel schneller.

Phyllis sagte über ihren Mann, mit dem sie dreißig Jahre verheiratet gewesen war: »Auch Jahre nach der Trennung hat es mir noch wehgetan, ihn zu sehen, und die alten Ressentiments stiegen wieder in mir auf. Aber eines Tages erschien er plötzlich unerwartet auf der Geburtstagsfeier meines Enkels, und ich empfand rein gar nichts. Ich konnte es kaum glauben, aber er hatte keine Macht mehr über mich. Er war für mich nur noch ein gutaussehender Mann in mittleren Jahren, den ich vor langer Zeit einmal gekannt hatte. Ich fühlte mich nicht mehr zu ihm hingezogen. Wir werden nicht freundschaftlich verbunden sein, brauchen uns aber auch nicht wie *Fremde* zu begegnen.«

»Ich habe zehn Jahre gebraucht, um mir meine erste Frau aus dem Herzen zu reißen«, erzählte Stuart. »Nachdem die Beziehung gescheitert war, habe ich noch einmal geheiratet, und wir haben auch Kinder bekommen. Trotzdem hat mich der Gedanke an meine erste Frau immer noch geschmerzt. Wir hatten so jung geheiratet, und unsere Scheidung war ein Alptraum, der sich zu einem Trauma auswuchs. Ich konnte es nicht verwinden und dachte während meiner ganzen zweiten Ehe immer noch an meine erste Frau. Erst als meine zweite Ehe scheiterte, erkannte ich, daß ich immer noch nicht über die Scheidung von meiner ersten Frau hinweggekommen war. Ich setzte mich wieder mit ihr in Verbindung, und zum Glück war sie auch bereit, sich mit mir zu unterhalten. Wir sind alle unsere Ressentiments noch einmal durchgegangen, lernten uns endlich kennen, und ich konnte mich von ihr lösen. Jetzt erst fühle ich mich wie ein freier Mensch, der eine neue Beziehung eingehen kann.«

Stuart bezieht sich auf die Loslösung vom Partner nach der Trennung, das Lösen der gefühlsmäßigen Bindung. An seiner Erzählung sieht man, wie schwierig es sich oft gestaltet, sich endgültig zu lösen. Solange wir noch Vorwürfe, Ressentiments und Selbstmitleid im Zusammenhang mit einer bereits beendeten Beziehung mit uns herumschleppen, können wir uns nicht in einen anderen Menschen verlieben, keine neue Beziehung eingehen. Man ist innerlich immer noch gebunden, noch kein freier Mensch. Ich kann das gar nicht oft genug betonen, denn viele Menschen, die es kaum erwarten können, eine neue Beziehung einzugehen, trauern immer noch ihrer alten Liebe nach. Das beste Beispiel dafür war eine 73jährige todkranke Frau, die immer noch ihrem Ehemann nachtrauerte, der sich vor dreißig Jahren hatte scheiden lassen. Sie zürnte ihm noch immer, konnte ihm nicht verzeihen. Sie konnte nicht vergessen und hatte es nie verwunden, daß er sie verlassen hatte. Sie führte ein freud- und liebloses Leben, denn sie verliebte sich nie mehr wieder, weil sie ihrem Ehemann noch immer grollte.

Kann man sich sagen, daß man sich den ehemaligen Partner endgültig aus dem Herzen gerissen hat, bedeutet das noch nicht, daß man nicht zu schätzen weiß, was einem die Beziehung gebracht und an Positivem eingetragen hat. Man sollte die Wunden und Enttäuschungen, die einem der Partner im Laufe der Beziehung zugefügt hat, objektiv beurteilen können. Objektivität ist überhaupt das Schlüsselwort. Wenn man dem Partner sein Herz endgültig verschlossen hat, tun sich dafür in geistiger Hinsicht viele Türen auf. Wenn man verliebt ist, kann man den Partner nicht objektiv beurteilen. Man sieht ihn oft in einem allzu rosigen Licht. Ist diese Liebe jedoch wieder erstorben, muß man sich darum bemühen, denjenigen, mit dem man liiert war, vorurteilsfrei und objektiv zu sehen, weil man sonst nicht wieder zu sich findet, kein freier Mensch ist und sich nicht wieder verlieben kann.

Nostalgische Gefühle, das Hätscheln liebgewordener Erinnerungen, haben mit der gefühlsmäßigen Abnabelung, dem Lösen der gefühlsmäßigen Bindung, nichts zu tun. Räumt man dem einstigen Lebensgefährten keinen Platz mehr in seinem Herzen ein, verspürt man eher nostalgische Gefühle und weiß die positiven Seiten der Beziehung mehr zu schätzen und richtig einzuordnen. Die Erinnerungen kommen einem dann vor wie Ansichtskarten aus vergangenen Zeiten. Man kann sie jederzeit hervorkramen, sie sich ansehen und sich daran delektieren.

Hat man sich den einstigen Partner aus dem Herzen gerissen, kann man ihm gegenüber jedoch auch durchaus negativ eingestellt sein. Besonders wenn es sich um den geschiedenen Mann handelt und man Kinder hat. Da kann es leicht zu Situationen kommen, die einen wütend machen, irritieren oder Frustration erzeugen. Sie werden jedoch nach der Trennung durch besondere Umstände hervorgerufen. Daß es zu solchen Situationen kommt, ist nicht darauf zurückzuführen, daß man sich gefühlsmäßig noch nicht vom einstigen Partner gelöst hat und noch nicht wieder mit sich ins reine gekommen ist. Genau wie unsere besten Freunde, irgendeine Verkäuferin oder ein Tankwart uns jederzeit irritieren oder wütend machen können, erreichen das auch unsere geschiedenen Ehepartner oder Liebsten nach erfolgter Trennung, wenn es indirekt durch sie oder im Zusammenhang mit ihnen Schwierigkeiten gibt.

Daß es um die Kinder aus geschiedenen Ehen zwischen den Eltern oft so ein Gerangel gibt, liegt daran, daß eine oder mehrere Phasen der gefühlsmäßigen Loslösung von der Beziehung noch nicht abgeschlossen sind, und so werden die Kinder zum Gegenstand dieser Verwirrung der Gefühle. Väter oder Mütter, die dem einstigen Ehepartner gegenüber gefühlsmäßig einen klaren Standpunkt einnehmen, haben eine positive Beziehung zu ihren Kindern und den einstigen Ehepartnern – selbst wenn sich diese weigern, nachzuziehen und ihre emotionellen Hausaufgaben zu machen. Problematisch wird es nur, wenn man sich über seine Gefühle nicht im klaren ist, weil man sich mit ihnen nicht auseinandersetzt.

Wenn man sein Herz vor dem Partner verschließt, ist das ein bedeutsamer Schritt beim Beenden einer Beziehung – ob nun Kinder in Mitleidenschaft gezogen werden oder nicht. Ist dem früheren Partner der Weg zum eigenen Herzen verschlossen, beinhaltet das keine Negation der Beziehung, es ist vielmehr ein begrüßenswerter Schritt, denn er beweist, daß die gefühlsmäßige Lösung aus der Beziehung endgültig abgeschlossen ist. Man hat sich in jeder Hinsicht und auf allen Ebenen von der Beziehung distanziert, ist gefühlsmäßig wieder mit sich im reinen und aufnahmefähig für alles, was das Leben noch für einen bereithält.

5. Kapitel

Was sich bei der Trennung im Unterbewußtsein abspielt

Wenn eine Beziehung auseinandergeht, verraten uns unsere Träume ausnahmslos, in welcher Phase der Trennung wir uns befinden. Auch im Unterbewußtsein registrieren wir den Verlauf der Trennung – angefangen bei dem fürchterlichen Schock (»Ich kann einfach nicht glauben, daß mir so etwas widerfährt«) bis zur endgültigen Lösung der gefühlsmäßigen Bindung an den Partner, für den dann kein Platz mehr in unserem Herzen ist.

Wir registrieren im Unterbewußtsein aber nicht nur den Verlauf der Trennung – wenn es in der Beziehung nicht mehr stimmt und sie in einer Krise steckt, deuten unsere Träume schon auf die bevorstehende Trennung hin.

Eine Frau erzählte mir, sie habe jahrelang immer wieder geträumt, sie zöge aus dem Haus aus, das sie mit ihrem Mann bewohnte. Sie fühlte sich aber sehr wohl in ihrem Haus, und diese Träume machten ihr sehr zu schaffen – in ihren Augen Alpträume.

Erst als ihr Mann ihr Jahre später gestand, daß er lange ein Verhältnis mit einer anderen Frau gehabt hatte, begriff sie, was dieser immer wiederkehrende Traum bedeutete. Ihr Unterbewußtsein spielte auf die Untreue ihres Mannes an, indem es ihr im Traum bedeutete, daß sie ihr geliebtes Haus irgendwann würde verlassen müssen. Und genau das geschah auch, als sie sich scheiden ließ.

Wenn sich das Ende tatsächlich abzeichnet und der oder die Betreffende ganz bewußt sagt: »Mein Gott, wie kann mir das nur passieren«, wirkt sich das Unterbewußtsein auf die sich anbahnenden Katastrophen aus, indem es das Desaster bildlich widerspiegelt. Wer in dieser Trennungsphase steckt, berichtet oft von Träumen, in denen Erdbeben, Taifune, Flutwellen, Bombardierungen, plötzliche Überschwemmungen oder Brände etwas symbolisieren.

Ein Mann erschien bei mir in der Sprechstunde und berichtete, er habe aus heiterem Himmel einen beängstigenden Traum gehabt, in dem sein Haus bei einem Erdbeben völlig zerstört worden sei. Mit seiner Ehe stand es schon seit geraumer Zeit nicht mehr zum besten, doch als er mir von diesem Traum erzählte, hatte ich das deutliche Gefühl, daß es bald zur Katastrophe kommen würde. Schon am nächsten Tag rief er mich an, um mir zu sagen, daß ihn seine Frau verlassen wolle. Unbewußt hatte er die schreckliche Nachricht schon erfahren und sie sich in Form eines Traumes einverleibt.

Als eine meiner Patientinnen merkte, daß ihre Beziehung in die Brüche ging, hatte sie einen Traum, in dem die ganze Welt als ein Planet erschien, der kahles Ödland war. Eine neue Eiszeit war über die Welt hereingebrochen, fast die gesamte Vegetation war eingegangen, und Menschen gab es augenscheinlich nicht mehr. Am Ende ihres Traumes saß sie zusammengekauert auf einem Feld mit hohen dürren Halmen und wartete darauf, daß sie bei der arktischen Temperatur erfrieren würde.

Ihr Traum spiegelte das Gefühl wider, das viele Menschen überkommt, wenn ihre Beziehung auseinandergeht. Das Leben erscheint ihnen nicht mehr lebenswert, das ganze Universum ist nicht mehr wiederzuerkennen, die Realität ist nicht mehr, was sie einmal war, das Leben ist zum Erliegen gekommen.

Eine andere Frau erzählte mir ihren Traum, in dem sie und

ihr Mann eines Tages bei herrlichem Wetter an der Küste entlangfuhren. Plötzlich wurden sie von einer riesigen Flutwelle ins Meer gerissen und versanken. Irgendwie gelang es ihr jedoch, sich aus dem Wagen zu befreien und an Land zu schwimmen, sobald sich die Flutwelle zurückgezogen hatte. Doch das Meer verschlang ihren Mann samt Wagen und gab sie nicht wieder frei.

In diesem Fall war interessanterweise *sie* diejenige, die die Flutwelle der Scheidung überlebte. Ihr Mann, der schon immer viel getrunken hatte, reagierte auf die Scheidung, indem er noch mehr trank. Schließlich hatte er einen Unfall, bei dem er schwer verletzt wurde.

Menschen, die sich schuldig fühlen wegen der entscheidenden Rolle, die sie bei der Trennung spielen, berichten von Träumen, in denen sie mit ihrer Schuld konfrontiert werden. Ein Mann träumte, er sei in einem Zimmer eingesperrt und werde von allen Frauen verspottet, mit denen er seine Frau betrogen hatte. Eine Frau, die wußte, daß sie durch ihre Passivität zum Scheitern der Beziehung beigetragen hatte, sah sich im Traum als kränkliches sprachloses Kind auf einem Hocker unter dem Küchentisch kauern. Das Kind schreckte hoch, als ein Tyrann auftauchte, der das Kind, also sie, grausam und skrupellos bestrafte und dann wieder entschwand. So wurde ihr ihre Passivität in der Beziehung verdeutlicht, und auch die Folgen wurden ihr vor Augen geführt. Ihr Mann war der Tyrann, der plötzlich in Erscheinung trat, um sie zu bestrafen und dann wieder ging.

In dem Stadium, in dem man mit seinem Schicksal hadert und dem Partner die Schuld in die Schuhe schiebt, träumt man manchmal, daß man dem geschiedenen Ehepartner oder dem Geliebten gegenüber nach der Trennung erschreckend gewalttätig reagiert. Eine Frau erzählte, sie habe ihren früheren Geliebten eine kurvenreiche Bergstraße hinauffahren sehen und sehnlichst gewünscht, daß er von der Straße abkomme, was dann auch geschah. Der Wagen kriegte die Kurve nicht, stürzte in den Abgrund und ging in Flammen auf. Eine andere Frau träumte, ihr Mann werde von einem Exekutionskommando erschossen. Sie selbst fungierte dabei inkognito als Schütze. Wieder eine andere Frau berichtete von einem Traum, in dem sie dank ihrer hervorragenden Kochkenntnisse einen vergifteten Kuchen für den Mann gebacken hatte, der sie verlassen wollte. »Ich weiß noch genau, wie schwer ich mich im Traum tat, weil ich nicht wußte, wie ich das Gift ausschließlich in *seine* Kuchenhälfte mischen sollte«, erzählte sie.

Wenn Gefühle wie tiefe Enttäuschungen, Zorn, unbändige Wut und das Gefühl, verraten worden zu sein, verarbeitet werden müssen, träumen die Betroffenen oft von Gewalttätigkeiten und Mord. Das ist ganz typisch für die entsprechende emotionelle Phase. Ein Mann gestand entsetzt, er habe im Traum eine Frau erwürgt. Ein anderer erzählte, er sei zu einem Grab gekommen, auf dem der Grabstein mit den Initialen seiner Frau gerade erst angebracht worden sei. »Ich wußte, daß ich irgend etwas mit ihrem Tod zu tun hatte«, erzählte er, »aber im Traum machte mir das gar nichts aus. Ich war kolossal erleichtert.«

Ein anderer Mann sah im Traum mit an, wie seine Frau in einem Berg von Kreditkarten versank und erstickte. So bestrafte er sie im Traum, in Wirklichkeit hatte er jedoch das Gefühl, mit ihr gestraft zu sein.

Obwohl die Betreffenden zumeist verlegen und entsetzt von Träumen berichten, in denen sie sich gewalttätig gebärdet haben, weist das auf einen wichtigen Wendepunkt im Heilungsprozeß hin. Wenn man den unsäglichen Zorn auf den Partner unbewußt zur Kenntnis nimmt, beginnt sich die Auseinandersetzung abzuzeichnen, und man ist bald kuriert.

Für gewöhnlich erfaßt die Menschen angesichts solcher Träume ein starkes Unbehagen, wie es meistens der Fall ist, wenn sich unterdrückte Gefühle offenbaren. Ich kann nur immer wieder betonen, wie wichtig es ist, diese Träume nicht nur zur Kenntnis zu nehmen, sondern sie auch zu akzeptieren und darüber zu berichten. Faßt man die Träume in Worte, wird man sich der unterdrückten Gefühle bewußt. Das ist unbedingt erforderlich, denn solange man die Gefühle unterdrückt, sind sie ein Hemmschuh, und es gibt kein Weiterkommen. Macht man sie sich jedoch bewußt, wird das, was sie einem zu vermitteln haben, zum Bestandteil der Realität.

Wenn wir also Gefühle, von denen wir befürchten, daß sie inakzeptabel sind, in die Bewußtseinsebene integrieren, ist das ein wichtiger Schritt auf dem Weg zur emotionellen Loslösung. Wir sollten diese Gefühle möglichst schriftlich festhalten oder mit jemandem darüber sprechen. Wenn wir nämlich beginnen, bewußt mit unseren bis dahin unterdrückten Gefühlen zu leben, haben wir eine Phase im Heilungsprozeß abgeschlossen und können zur nächsten übergehen.

Ich möchte damit ausdrücken, daß Sie sich nicht vor Ihren entsetzlichen Träumen und Alpträumen zu fürchten brauchen, denn sie weisen darauf hin, daß Sie den Verlauf der Trennung Schritt für Schritt absolvieren, wie es sich gehört, und wenn diese beängstigende Phase hinter Ihnen liegt, erleben Sie Phasen eines tiefergehenden Sichlösens, bis sich Ihnen wundervolle neue Möglichkeiten auftun.

In dem Stadium »Das Räderwerk ist eingerastet« berichten die Menschen zum Beispiel von Träumen, in denen sich etwas zerschlägt, zu Bruch geht, was auf den endgültigen Abbruch der Beziehungen, die völlige Loslösung vom Partner hinweist. So träumte eine Frau zum Beispiel, daß die Seile ihrer Gartenschaukel plötzlich rissen und sie zu Boden fiel. Ein Mann träumte, daß die Tür zum Ankleidezimmer seiner Frau zuschlug und sie drinnen eingeschlossen war. »Ich wußte, daß sich die Tür nie wieder öffnen lassen würde.« Ein anderer Mann träumte, daß ein Junge neben einem Berg von Zweigen saß. Er nahm einen nach dem anderen in die Hand, um sie entzweizubrechen. So entledigte sich dieser Mann im Traum aller Fesseln, die ihn noch mit seinem früheren Leben verbanden.

Ein anderer Patient erzählte mir in dieser Phase einen Traum, der ihn immer wieder heimsuchte. Im Traum befand er sich in einem Klassenzimmer und wischte die Tafel ab. »Es spielt sich immer so ab«, sagte er. »Ich sitze in der Klasse, und jemand – ein kleiner Junge, glaube ich – kommt herein und wischt die Tafel ab. Das ist auch schon alles.« Dieser Traum versinnbildlicht, daß er endgültig mit der Beziehung abgeschlossen hat, denn die Schiefertafel steht für die Beziehung. Es gab nichts mehr zu sagen und nichts mehr zu tun.

Auch der Traum, in dem man den ehemaligen Partner nur aus der Ferne sieht, ist typisch für diese Phase. »Zu Beginn des Traums sah ich uns nebeneinander über eine Wiese laufen«, berichtete Jan. »Doch dann gabelte sich der Weg. Er ging den linken Weg, ich bog nach rechts ab, und nach einer Weile war er schon so weit weg, daß ich ihn in der Ferne nur noch als kleines Pünktchen sah.«

Die emotionelle Distanz zum Partner kann auch dadurch versinnbildlicht werden, daß man das Gesicht des einstigen Geliebten inmitten einer Menschenmenge sieht. Das weist darauf hin, daß man den endgültigen Abbruch der Beziehungen akzeptiert. Ein Mann sah im Traum das Gesicht seiner geschiedenen Frau inmitten einer Menschenmenge, zunächst nur ganz verschwommen, doch dann erkannte er sie kurz ganz deutlich, bis ihm das Bild wieder vor den Augen verschwamm. »Sie verblaßte, trat deutlich zutage und verblaßte wieder«, sagte er. »Seltsamerweise machte es mir gar nichts aus, als ihr Bild verblaßte. Das muß wohl bedeuten, daß sie für mich jetzt nur noch ein unscharfes Gesicht inmitten einer Menschenmenge ist.«

Wenn die gefühlsmäßige Loslösung auf allen Ebenen abgeschlossen ist, und wir den Menschen, den wir einmal geliebt haben, objektiv sehen und erfassen, verwandelt sich unsere Traummetaphorik auf hochdramatische Weise. Bildabläufe, die sich auf den früheren Partner beziehen, werden immer seltener und verschwinden schließlich ganz. Sie treten jedenfalls nur noch ganz selten und in großen Zeitabständen in Erscheinung. Statt dessen spiegeln unsere Traumbilder nun die eigene Person wider. Das deutet darauf hin, daß das Leben nun nicht mehr ganz auf die gescheiterte Beziehung ausgerichtet ist, sondern auf die eigene Wiedergeburt. In diesem Stadium träumen die Menschen oft von einem geradezu klassischen Neubeginn. Oft bekommen sie noch ein Baby, das die eigene Wiedergeburt symbolisiert, oder sie träumen von einem winzigen Pflanzensämling. Manchmal träumen sie auch nur von einer Landschaft oder einer bestimmten Atmosphäre. »Im Traum habe ich eine wunderschöne Wiese gesehen«, erzählte eine Frau. »Alles wirkte rein und klar, so voller Hoffnung oder, besser gesagt, verheißungsvoll. Mir kam es vor, als sei ich in eine neue, völlig andere Dimension aufgestiegen. Beim Erwachen fühlte ich mich verjüngt und wie neubelebt, als hätte sich für mich etwas Wesentliches geändert, was mein künftiges Leben angeht.«

Wenn der Heilungsprozeß abgeschlossen ist, stellt der Leidtragende fest, daß er sehr wohl wieder lieben kann, auch wenn er seiner verlorenen Liebe nachgetrauert hat und lange davon überzeugt war, daß das Kapitel Liebe endgültig für ihn erledigt sei. Das getreue Unbewußte ist nun mit einer anderen Metapher bei der Hand. Eine Frau berichtete, sie sei im Traum auf den »Hofball« gegangen. »Ich hatte mich feingemacht, richtig herausgeputzt, und hatte auch einen Begleiter. Da kam ein großer grauer Kater in den Raum und umschlang mich wie ein Liebhaber. Ich umarmte ihn und sagte: ›Du wirkst so menschlich. Kennen wir uns vielleicht von früher?‹ Da verwandelte er sich kurz in einen schönen blonden Mann und flüsterte: ›Ja, wir sind uns schon einmal begegnet, und zwar zu Weihnachten. Du warst eine Göttin, und wir haben zusammen getanzt.‹ Er verwandelte sich wieder in einen Kater und verschwand.

Irgendwie symbolisierte er für mich den Mann, den ich einmal lieben würde. Als Mann konnte ich ihn mir noch nicht so richtig vorstellen, deshalb erschien er mir wohl als Kater. Aber seine Zärtlichkeit war unwiderstehlich, so daß ich mir schließlich doch erlaubte, den Mann in ihm zu sehen.«

Ein Mann träumte, daß er im Garten völlig unerwartet auf eine einzelne rote Rose gestoßen war, die blühte.

Eine Frau träumte, daß sie in einem Käfig saß. Als sich ein Mann dem Käfig näherte und die Hände durch die Gitterstäbe streckte, fielen die Gitterwände plötzlich um, und sie stieg aus dem Käfig, um ihn zu umarmen.

Alle diese Träume begleiten auf wunderbare Weise den Gefühlsablauf, ganz so wie wir in gewissem Sinn unser Herz in den Händen halten und zu unserem eigenen Spiegel werden, während wir den qualvollen Trennungsprozeß durchleben. Für Freud waren Träume »die königliche Straße zum Unbewußten«. Ich würde dem noch hinzufügen, daß

das Sichbewußtmachen des Unbewußten zur emotionellen Loslösung führt.
Natürlich können wir die erstaunlichen, magischen und schönen Traumbilder und all das, was sie uns vermitteln, nicht immer unbedingt selbst deuten und richtig auslegen. Es ist jedoch ungeheuer wichtig, daß man dem, was unbewußt in einem abläuft, den allergrößten Wert beimißt, daß man es ganz ernst nimmt und als Geschenk betrachtet.
Vielleicht helfen Ihnen diese Beispiele, die Botschaften richtig zu deuten, die Ihnen Ihre Träume übermitteln wollen. Vielleicht sehen Sie sich dadurch auch veranlaßt, mit Hilfe Ihres Therapeuten herauszubekommen, was Ihre Träume zu bedeuten haben.

Phänomene des Mitgefühls

Während unsere Beziehungen die verschiedenen Stadien der Auflösung durchlaufen und wir auf die Auflösung mit den entsprechenden Empfindungen reagieren, spielt sich noch etwas Ungewöhnliches ab, das synchron verläuft.
Ich spreche von Sympathiebekundungen, dem Phänomen des Mitgefühls. Wenn unsere Beziehung auseinandergeht, kommt es uns vor, als deute rings um uns herum alles darauf hin, daß wir mit unserer traurigen Erfahrung nicht allein dastehen, denn alles scheint Anteilnahme zu symbolisieren. Fast könnte man meinen, als spiegle das gesamte Universum die Entfremdung und den schmerzlichen Verlust wider, den wir erlitten haben.
Im Verlauf der Trennung sind wir extrem verletzlich und infolgedessen besonders empfänglich für die eigenen Sorgen und Probleme und ganz auf uns selbst ausgerichtet. Alles, was in der Welt ringsum geschieht, beziehen wir auf

uns. Alles nimmt für uns eine ganz besondere Bedeutung an. Dem Trauernden kommt es vor, als weine das ganze Universum mit ihm. Ob das nun zutrifft oder nicht, spielt keine Rolle. Tatsache ist jedenfalls, daß Menschen, die mit dem Scheitern ihrer Beziehung fertig werden müssen, immer wieder darauf zu sprechen kommen, daß alles, was sie sehen, hören und von anderen Leuten erfahren, zu erhärten scheint, was sie gerade durchmachen. Es scheint sie in ihren eigenen Gefühlen und Erfahrungen zu bestärken.
Eine Frau beschrieb das so: »Alle Lieder und Schlager im Radio handeln von mir. Immer geht es um den Mann, der die Geliebte verläßt, und die Verlassene fragt sich, wie sie das überleben soll. Ständig ist davon die Rede, wie die Liebe zerbricht. Früher habe ich immer nur Liebeslieder zu hören bekommen. ›Mein Liebling, es wird alles wunderbar. Wir gehen gemeinsam dem Sonnenuntergang entgegen‹, usw. Aber jetzt geht es immer nur um das Ende einer Liebe, um die Trennung.«
»Alle Leute trennen sich, es ist die reinste Epidemie«, behauptete ein Mann. »Ich liege also ganz im Trend.« Er zählte Freunde und Bekannte auf, deren Beziehungen auch gerade in die Brüche gingen. Wahrscheinlich trennten sich seinerzeit ebenso viele Freunde und Bekannte, doch natürlich fiel ihm das gerade jetzt besonders auf. Bestimmt war es schon immer so gewesen, doch erst jetzt in dieser Phase kam es ihm vor wie die reinste Epidemie. Die Nachricht vom Scheitern von Beziehungen im Freundes- und Bekanntenkreis schien seine eigene Erfahrung zu erhärten.
Doch es gibt auch deutlichere Anzeichen und Symbole, welche die Leute gern als Fingerzeig des Universums im Hinblick auf das interpretieren, was ihnen gerade widerfährt. »Wann immer bei mir eine Beziehung auseinandergeht und es zur Trennung kommt, gehen meine

Rosensträucher ein. Als meine erste Ehe scheiterte, ging mein allererster Rosenstrauch ein. ›Erste Liebe‹ hießen diese Rosen ausgerechnet, ist das nicht der reinste Hohn? Mein zweiter Mann war ein begeisterter Gärtner. Er schenkte mir einen ganz besonderen Rosenstrauch und pflanzte ihn im Garten ein. Solange wir zusammenblieben, blühte er auch herrlich, doch nach der Trennung fingen diese Rosen an, die Köpfe hängenzulassen, während alle anderen Rosen weiterblühten. Ein halbes Jahr nach unserer Scheidung fiel mir auf, daß sein einst so schöner Rosenstrauch zu einem kleinen verdorrten Etwas zusammengeschrumpft war, das bald völlig einging, während alle anderen Rosen ringsum noch in voller Blüte standen.«

»Alle Frauen sehen genau wie sie aus«, erzählte ein Verlassener mit gebrochenem Herzen. »Wirklich, das kann ich beschwören. Wenn ich durch die Stadt gehe, fällt mir immer wieder auf, daß alle Frauen sich genauso bewegen wie sie. Dutzende von Frauen haben auch die gleiche Frisur wie sie. Manchmal laufe ich hinter einer her in der Hoffnung, einen Blick auf sie werfen zu können, doch wenn sie sich dann umdreht, zeigt es sich, daß ich einer Fremden nachgelaufen bin. Selbst die Stimme meiner Sekretärin klingt genau wie ihre Stimme. Auch bei der Auskunft sprechen die Telefonistinnen wie sie. Ständig sehe und höre ich sie überall!«

Manche Menschen beobachten dieses Phänomen nicht so bewußt und sehen sich in ihrem Verlust nicht ständig durch ihre Mitmenschen bestätigt, doch diese Anzeichen werden unbewußt aufgenommen und registriert. Dazu befragt, ob irgend etwas darauf hingedeutet habe, daß ihre Beziehung in die Brüche gehen würde, erzählte eine Frau, sie habe an dem Tag, bevor ihr Mann sagte, daß er sie verlassen werde, einen Ring verloren, den er ihr zu Beginn ih-

rer Beziehung geschenkt hatte. Eine andere Frau verlor kurz vor dem fraglichen Tag einen Ohrring. Diese Ohrringe waren das erste Geschenk ihres Mannes gewesen.
Das äußere Symbol für den emotionellen Verlust ist oft ein anderer Verlust. Man verliert zum Beispiel Schlüssel, Geschenke, Erinnerungsstücke, vor allem aber Schmuckstükke, weil Schmuck global gesehen ein Geschenk ist, das man im romantischen Anfangsstadium der Beziehung macht. Es ist daher kein Zufall, daß wir uns – wenn vielleicht auch nur unbewußt – dessen entledigen, was für uns die Liebe symbolisiert, wenn die Liebe selbst erstorben ist und die Beziehung in die Brüche geht.
Das Unbewußte, der Stoff, aus dem die Träume sind, betrifft die Verinnerlichung der Gefühlsskala, die wir beim Beenden einer Beziehung durchlaufen. Die ›Phänomene des Mitgefühls‹, wie ich sie nenne, betreffen hingegen die Objektivierung und Externalisierung des gefühlsmäßigen Ablaufs. Wenn wir emotionell unter einem ungeheuren Druck stehen, ist es nur natürlich, daß wir unsere eigenen Erfahrungen auf die Außenwelt projizieren. Wir objektivieren unsere ureigenen Erfahrungen, um die schmerzhafte Intensität etwas zu entschärfen. Wir erleichtern uns das scheinbar unerträglich Schwere, das auf uns lastet, indem wir das, was uns widerfährt, zumindest teilweise außerhalb von uns ablaufen lassen. Damit verhindern wir, daß unsere Gefühle uns erdrücken.
Alle diese Beobachtungen und Objektivierungen haben eine heilende Funktion – insbesondere die Tatsache, daß das gesamte Universum im wahrsten Sinne des Wortes »in Mitleidenschaft gezogen« ist. Aufgrund dieser Auslegung haben wir nicht mehr das Gefühl, mit unserer Erfahrung ganz allein dazustehen.
Wenn es im Trend der Zeit liegt, sich zu trennen, wenn die

»Rosen welken«, wenn uns das Herz gebrochen wird und wenn alle Frauen »aussehen wie sie«, haben wir das Gefühl, daß in einem höheren kosmologischen Sinn das gesamte Universum mit uns trauert. Das ist ungeheuer wichtig, denn das Schlimmste an der Trennung ist, wie schon gesagt, das Gefühl, mit seinem Kummer und Schmerz allein zu sein, vor allem, wenn man mit der grundlegenden existentiellen Einsamkeit konfrontiert wird.

Natürlich darf man diese Vorstellung nicht so weit treiben, daß sie in Narzißmus oder Selbsttäuschung ausartet, doch ist es ein sehr tröstliches Gefühl, daß die ganze Welt mit uns weint und wir erleben dürfen, daß wir mit unserem Kummer nicht allein dastehen.

6. Kapitel

Verbinden der Wunden: Wie man die Trennung übersteht

Ich habe mich ausführlich darüber ausgelassen, welche Emotionen beim Auseinandergehen freigesetzt werden, was sich gefühlsmäßig in den Betroffenen abspielt. Ich habe die verschiedenen emotionellen Phasen aufgezeichnet, die mit dem Ende einer Beziehung einhergehen. Ich bin fest davon überzeugt, daß sich praktikable Lösungen finden, wenn wir unseren emotionellen Aufgaben gerecht werden. Wenn wir im Herzen und im Geist ungebrochen sind, setzt sich der Instinkt zum Überleben durch. Im 8. Kapitel soll Ihnen eine Reihe von Übungen dabei helfen, die Trennung gut zu überstehen, Ihr wundes Herz zu verbinden und Ihnen beweisen, daß das Leben weitergeht.

Das Leben muß aber auch weitergehen, während Sie sich emotionell mit der Trennung auseinandersetzen. Sie müssen arbeiten, sich um Ihre Kinder kümmern, die Stromrechnung bezahlen, Kleidungsstücke in die Reinigung bringen und Lebensmittel kaufen. Mit anderen Worten: Sie müssen den Übergang vom Partner in einer Zweierbeziehung zum Alleinstehenden bewältigen. Um diese Übergangsphase gut zu überstehen, müssen Sie eine bestimmte Überlebenstechnik entwickeln. Dieses Kapitel ist ein kleiner Erste-Hilfe-Kursus samt Verbandsmaterial und Medikamenten, damit Sie Ihre Wunden verbinden können, bis sie verheilt sind.

Wenn Sie sich einbilden, daß es nichts mehr gibt, wofür es sich noch zu leben lohnt, und sich sagen, daß das einzig

Sinnvolle in Ihrem Leben die Beziehung zu Ihrem Partner war, müssen Sie sich an die Kandare nehmen und sich überlegen, was für und was gegen diese Theorie spricht. Sie müssen sich klarmachen, aus welchen Quellen Sie Kraft für Ihr künftiges Leben schöpfen können. Erstellen Sie doch eine Liste, die Ihnen dabei hilft. Eigentlich ist das ganz einfach – Sie brauchen nur die Gewohnheiten, Rituale, Freundschaften, Wertvorstellungen und Ideen aufzuführen, die Ihnen garantiert über diese schwere Zeit hinweghelfen.

»Jetzt muß ich mich wohl mit dem Problem herumschlagen, wie ich die nächsten Tage überstehen soll, ohne ständig an Tim zu denken«, klagte Polly. »Am liebsten würde ich sofort nach Hause fahren, um ihn anzurufen. Dabei weiß ich ganz genau, daß ich das hinterher bereuen würde. Er würde mir ja doch nur wieder unter die Nase reiben, daß es endgültig aus und vorbei ist, und ich kann das einfach nicht mehr hören.

Nun habe ich ja zum Glück meinen Beruf, der mir viel Freude macht. Wenn ich mich ganz schick anziehe, wird mir das sicher guttun. Die meisten Kollegen mögen mich, deshalb wird es sicher eine Wohltat sein, jeden Morgen ins Büro zu gehen.

Und dann bleibt mir auch noch die Kirche. Ich war schon ewig nicht mehr in der Kirche – genaugenommen die ganze Zeit nicht, die ich mit Tim zusammen war. Aber ich kenne da viele Leute, und es wird mir guttun, sie wiederzusehen.

Ich habe ein paar Zeitschriften abonniert. Wenn ich von der Arbeit heimkomme, kann ich also etwas Anspruchsloses lesen, was mich ablenkt, so daß ich nicht vor Selbstmitleid zerfließe, und nicht so spüre, wie allein ich bin.

Etwas möchte ich auch noch unbedingt tun: Irgendwo

Gymnastik treiben, natürlich im Verein. Das hatte ich schon lange vor, bin aber nie dazu gekommen. Ich werde mich also umhören. Mal sehen, ob es da nicht einen Kursus gibt, der sich zeitlich einplanen läßt.«

Gewohnheiten

Zur Grundausstattung Ihres emotionellen Verbandkastens gehören Gewohnheiten, auf die Sie bauen können. So zum Beispiel die erste Tasse Kaffee früh am Morgen, die Barbesuche mit Freunden zu Beginn des Wochenendes, das Frühstück im Bett, ein heißes Bad, neue Zeitschriften, frisch gepreßter Orangensaft, der Spaziergang nach dem Abendessen. Sollten Sie stark rauchen oder trinken – Gewohnheiten, mit denen Sie auf die Dauer Ihre Gesundheit ruinieren –, so sollten Sie diese nicht gerade jetzt ablegen. Sehen Sie aber zu, daß Sie in dieser Situation nicht noch mehr rauchen als sonst und nicht noch öfter zur Flasche greifen. Überlegen Sie sich, welche von den Dingen, die zu Ihrem täglichen Repertoire gehören, von Vorteil für Sie sind, denn nur diese bringen Sie weiter.

Alte Freunde

Auch der Umgang und das Zusammensein mit vertrauten Menschen ist eine Quelle, aus der Sie Kraft schöpfen können und die Ihnen dabei hilft, die Trennung vom Partner zu verkraften und sich auf sich selbst zu besinnen. Freunde können Ihnen dabei helfen, die innere Leere zu überwinden und Ihrer Gefühlsverwirrung Herr zu werden. Um für eine emotionelle Kontinuität zu sorgen, müssen Sie unbedingt Freundschaften pflegen, die noch vertretbar sind und Ihnen noch etwas bedeuten. »Ich weiß nicht, wie ich ohne meine Nachbarn über das Scheitern meiner Ehe hinweggekommen wäre«, sagte Jack. »Ich glaube, ich habe wochenlang jeden Abend bei ihnen gegessen.«

Natürlich besteht die wohlbegründete Angst, daß die meisten Freundschaften auf der Partnerschaft basieren. Aber jeder hat ja auch seine eigenen Freunde, Freunde hat man ja nicht nur als Paar. In einer solchen Krisenzeit gilt es, die Freundschaften herauszufiltern, die einem ganz persönlich gelten, und sich besondere Mühe zu geben, diese zu pflegen. Freunde können einem eine seelische Stütze sein, einem zuhören und einem Gesellschaft leisten. Sie können sich auf einen einlassen, einem ihre Anteilnahme demonstrieren und einem so zur Seite stehen wie bisher der Liebste oder der Ehepartner.

Viele Frauen stellen fest, daß es ihnen wohltut, sich einer besonders guten Freundin zuzuwenden, die die Beziehung am Rande miterlebt hat. Zu einer solchen Freundin fühlen sie sich in ihrer Lage besonders hingezogen. Männer neigen eher dazu, sich einem Sportvereinskameraden oder Arbeitskollegen zuzuwenden, weil sie wissen, daß eine solche Freundschaft bzw. Kameradschaft die Übergangsphase überdauert. In solchen Zeiten sollte man schon aus Gründen der Kontinuität auf alte Freunde bauen.

Neue Freunde

Das Ende einer Beziehung und die Trennung vom Partner sind zugleich Abschluß und Vollendung einer besonders wichtigen Entwicklungsphase, eines ganz besonderen Lebensabschnitts. Durch das Vorgefallene sind Sie ein neuer

Mensch geworden, und jetzt sind Sie bereit, neue Freundschaften zu schließen – oder sich auch wieder zu verlieben. Sie möchten sich mit Menschen zusammentun, deren Wertvorstellungen und Interessen sich mit Ihrem neuen bzw. dem in den neuen Lebensabschnitt hinübergeretteten Selbstverständnis decken. Nutzen Sie Ihre Chance. Gehen Sie mit einem Fremden essen. Nutzen Sie jede Gelegenheit, neue Freundschaften zu schließen.

Fangen Sie etwas Neues an

In Krisenzeiten gehört es zu den grundlegenden therapeutischen Maßnahmen, etwas Neues anzufangen. Es muß ein gesundes Gleichgewicht geschaffen werden zwischen dem Vertrauten, auf das wir bauen können, und ein paar neuen Dingen, die wir integrieren sollten. Für die Zukunft lohnt es sich, etwas zu riskieren – sich ein neues Hobby zuzulegen, eine neue Fremdsprache zu lernen, die Prüfung abzulegen, die man sich bisher nicht zugetraut hat, eine neue Sportart auszuprobieren oder eine Reise zu machen, die man schon immer machen wollte.
Solche Erfahrungen wirken sich in doppelter Hinsicht positiv aus. Zunächst einmal helfen sie dem Selbstwertgefühl auf die Sprünge, und außerdem bietet sich Ihnen dadurch Gelegenheit, neue Freundschaften zu schließen – Freunde zu gewinnen, die sich auch für die Dinge interessieren, die Sie gerade erst entdecken.

Psychotherapie

Wenn Sie dieses Buch gelesen, die Übungen gemacht haben und mit sich selbst zu Rate gegangen sind, um aus Ih-

rer Beziehung etwas zu lernen und die Trennung zu verkraften, Sie aber trotz allem noch immer nicht imstande sind, sich endgültig zu lösen, wäre es vielleicht ratsam, sich einem Psychotherapeuten anzuvertrauen.
Denn sowohl Psychotherapeuten als auch Psychiater, Psychologen und Eheberater sind darauf spezialisiert, das festzustellen, was Sie selbst vielleicht lieber unter den Tisch kehren würden. Eine Fachkraft kann Ihnen auf jeden Fall zu tieferen Einsichten verhelfen und damit zum Verkraften und Überwinden des Scheiterns der Beziehung und der damit verbundenen Loslösung vom Partner beitragen. Da man in dieser Zeit extrem verletzlich ist, muß man sich seinen Therapeuten sorgfältig auswählen und sich dabei auf sein Gefühl verlassen. Wenn man so angeschlagen ist, neigt man dazu, schon allein die Tatsache für hilfreich zu halten, daß man sich um Hilfe bemüht. Leider können aber nicht alle Therapeuten ihren Patienten helfen, und nicht jeder Therapeut ist unbedingt der richtige.
Wenn man sich nach der ersten Sitzung oder den ersten paar Sitzungen ermutigt oder erleichtert fühlt, ist man wahrscheinlich in guten Händen. Ist das jedoch nicht der Fall, sollte man sich an einen anderen Therapeuten wenden oder es mit mehreren versuchen. Die Suche nach dem richtigen Therapeuten ist fast wie ein Hutkauf. Wenn man einen Hut aufprobiert, bedeutet das noch lange nicht, daß er einem steht oder auch nur paßt.

Die Zeit

Die Behauptung, daß die Zeit alle Wunden heilt, ist so ein alberner Spruch, daß schon das bloße Erwähnen der Zeit als heilender Faktor oder wichtiges Kriterium beim Loslösungsprozeß entweder irrelevant oder als Zumutung oder Verunglimpfung erscheint. Trotzdem läßt sich nicht bestreiten, daß die Zeit wahre Wunder vollbringt, wenn man das auch in der kritischen Phase nicht wahrhaben will. Wenn man so eine qualvolle Zeit durchmacht, möchte man sie möglichst schnell hinter sich bringen und verliert oft die Geduld, obwohl gerade die Geduld die Tugend ist, die in dieser Situation am hilfreichsten wäre. Man will sofort Ergebnisse sehen, will sofort befreit sein. Man möchte sich möglichst nicht mit seinen quälenden Gedanken auseinandersetzen, sondern die Leidenszeit schnell hinter sich bringen, ohne das Leid groß an sich heranzulassen. Doch wenn man versucht, die Schmerz-, Zorn- und Trauerphasen abzukürzen, halten sie nur um so länger an. Das kann man den Leuten nur schwer begreiflich machen. Mir begegnen immer wieder Menschen, die nicht deshalb furchtbar leiden, weil ihre Beziehung in die Brüche gegangen ist, sondern weil sie die Leidensphase nur unnötig hinauszögern, indem sie ihr aus dem Weg zu gehen trachten.

Im Hinblick auf die Zeit und die Rolle, die sie beim Heilungsprozeß spielt, muß man zweierlei bedenken:

1. Man darf den Prozeß nicht beschleunigen, sondern muß *alle* emotionellen Phasen des Auseinandergehens durchlaufen. Man darf sich da nichts vormachen. Selbstbetrug führt zu nichts, weil man sich unbedingt ganz vom Partner lösen und mit der Beziehung ins reine kommen muß.
2. Man darf nicht verkennen, daß alles seine Zeit braucht. Was man gelernt hat, wird mit der Zeit ein wichtiger Teil von einem. Man verleibt es sich sozusagen ein. Mit der Zeit verebbt der Schmerz, und man fühlt sich nicht nur wie neugeboren – man geht als anderer Mensch aus alledem

hervor. Deshalb lautet mein Rat, sich unbedingt Zeit zu lassen.

Gönnen Sie sich etwas

Wenn wir unter einem Trauma leiden oder uns angegriffen fühlen, neigen wir oft dazu, die Lage zu verschlimmern, indem wir uns noch mehr abverlangen oder uns völlig unrealistischen Vorstellungen darüber hingeben, was wir uns zumuten dürfen.

Wenn Sie sich zum Beispiel fürchten, ganz allein im Haus zu sein, nachdem Ihr Mann Sie verlassen hat, nehmen Sie doch ruhig jemanden bei sich auf, oder ziehen Sie zu einer Freundin. Heldenhaftigkeit zahlt sich in diesem Fall nicht aus. Sie haben gerade eine sehr schwere Zeit hinter sich gebracht, da brauchen Sie sich nicht auch noch unnötig zu ängstigen.

Als Frau schwebt Ihnen vielleicht ein neues Erscheinungsbild vor. Kaufen Sie sich ein paar neue Sachen, und legen Sie sich die todschicke Kurzfrisur zu, mit der Sie ganz verändert aussehen würden. Gönnen Sie sich etwas Schönes – vielleicht ein besonders edles Parfum, Duftkissen für Ihren Kleiderschrank oder einen neuen Jogginganzug. Bitten Sie Ihre Mutter, auf die Kinder aufzupassen, damit Sie auch einmal frei sind und irgendwo hinfahren können, und wenn es nur für einen Tag ist. Wenn es Ihnen an Zeit fehlt, sollten Sie eine halbe Stunde früher aufstehen, um Zeit für sich zu haben.

Ein Mann könnte sich vielleicht ein neues Sportsakko kaufen, neue Golfschläger oder auch ein paar aufregende Krawatten. Er könnte sich auch einmal pro Woche die Nägel maniküren lassen. Den Playboy oder eine Computerzeitschrift abonnieren, wandern oder segeln, Tennis spielen, kurz Urlaub machen, mit den Kindern in Verbindung bleiben, ihnen schreiben oder sie anrufen. Vielleicht würde es ihm auch helfen, mit einem Freund oder einer Freundin in ein neues Restaurant zu gehen.

Und versuchen Sie gar nicht erst, Ihren Kindern ein perfekter Vater oder eine perfekte Mutter zu sein. Ihre Kinder müssen lernen, daß das Leben wechselhaft ist. Auch Schmerzen gehören dazu, und zuweilen durchlebt man traumatische Zeiten. Machen Sie Ihren Kindern klar, daß Sie nicht so oft kommen können, wie die Kinder das gern hätten, und daß auch sonst nicht alles geht, was ihnen vorschwebt. Erklären Sie ihnen das, und Sie machen Ihre Kinder besser mit der Realität vertraut.

Bitten Sie Ihre Freunde um Nachsicht, wenn Sie Ihren Verpflichtungen den Freunden gegenüber nicht so nachkommen können, wie Sie gern möchten. »Ich muß die Verabredung zum Mittagessen absagen, Jane, so leid es mir tut, aber ich möchte unbedingt allein sein.« Wenn Sie Pflichten übernommen haben, als Ihre Beziehung noch intakt war, Sie sich jetzt aber nicht mehr darum kümmern können, bringen Sie das Ihren Freunden und Bekannten möglichst schonend bei.

Wenn Sie der Auffassung waren, Ihr Mann würde Sie bis ins hohe Alter unterstützen und sich das nicht bewahrheitet, Sie also arbeiten gehen müssen, kann niemand von Ihnen erwarten, daß es in Ihrem Haus so vorbildlich aussieht wie früher, als Sie noch nicht ganztags gearbeitet haben. Durch Ihren Beruf bleibt Ihnen eben nicht mehr so viel Zeit für Ihre Freunde.

Wenn Sie Frau und Kinder unterstützen müssen, also Alimente zahlen, bleibt Ihnen vielleicht nicht mehr sehr viel für sich selbst. Dann müssen Sie sich eben sagen, daß Sie

nicht mehr in der Lage sind, so großzügig zu sein wie früher, und daß Sie jetzt mit dem, was Ihnen bleibt, haushalten müssen. Machen Sie sich klar, daß sich Ihnen durch die neue Lage die Chance bietet, Ihre Flexibilität und Ihre schöpferische Ader ins Feld zu führen. Machen Sie sich nichts daraus, wenn Sie den Gürtel enger schnallen müssen. Vielleicht treten jetzt andere Wesenszüge in den Vordergrund. Betrachten Sie das als Herausforderung, und schaffen Sie sich eine neue finanzielle Grundlage. Der Lebensstil muß der finanziellen Situation entsprechen.
Ich will damit sagen, daß Sie Nachsicht mit sich üben sollten. Gehen Sie nicht zu streng mit sich ins Gericht. Verwöhnen Sie sich, gönnen Sie sich etwas. Sie befinden sich in einer Übergangsphase, lassen Sie sich Zeit damit. Sie müssen bedenken, daß Sie eine extrem schwierige Zeit durchmachen, die Sie sehr belastet. Über diesen beispiellosen, noch nie dagewesenen Lebensabschnitt ist noch nicht viel bekannt. Sie sollten unbedingt Verständnis für sich aufbringen. Es ist nicht nötig, daß Sie die Antworten auf alle Fragen wissen. Heldenhaftigkeit ist hier nicht angebracht. Übergehen Sie Ihre Ängste nicht. Sie müssen bedenken, daß Sie schwer angeschlagen sind und damit sehr labil. Da können Sie nicht erwarten, daß alles so glatt läuft wie sonst. In dieser Übergangsphase wird nicht nur Ihre Anpassungsfähigkeit auf die Probe gestellt, sie konfrontiert Sie auch mit einigen Ihrer lange unterdrückten und wertvollsten individuellen Eigenschaften. Wenn Sie bereit sind, diese schwierige Phase anzugehen, indem Sie Ihre Wunden ganz behutsam pflegen und verbinden, überstehen Sie diese schwere Zeit unbeschadet und stellen vielleicht sogar fest, daß Sie als neuer Mensch daraus hervorgehen, obwohl das vielleicht nicht einmal in Ihrer Absicht lag.

7. Kapitel

Die Nachwehen der Beziehung: Gegenmittel gegen die Liebe

Mit das Erschreckendste am Scheitern einer Beziehung ist die Angst, nie wieder lieben zu können. Man befürchtet, die Liebesbeziehung, die gerade in die Brüche geht, könnte die letzte sein, die einem vergönnt ist. Bei den meisten Menschen wird diese Angst so übermächtig, daß sie schnellstens beschwichtigt werden muß, weil der Heilungsprozeß sonst stagniert.

Die Betroffenen werden oft so von der Angst gebeutelt, daß es nach der Trennung manchmal zu einem Phänomen kommt, das ich die »Nachwehen der Beziehung« nennen möchte. Diese Nachwehen sind eine Wiederholung der gerade erst gescheiterten Beziehung in Miniaturausgabe. Diese Beziehung im Kleinformat ist ein Mikrokosmos, in dem rasch und deutlich zutage tritt, was die ursprüngliche Beziehung so untergraben hat, daß das Ende abzusehen war.

Eine ganze Reihe spezifischer Charakteristika sind typisch für diese Nachwehen. Diese Beziehungen im Anschluß an die Trennung sind meistens nur von kurzer Dauer. Sie halten vielleicht eine Woche oder im Höchstfall ein paar Monate. Und zwar ist es eine Beziehung zu einem Partner, der demjenigen, von dem man sich gerade getrennt hat, in mancher Hinsicht unglaublich ähnlich ist. Dadurch werden Gefühle ausgelöst, die auf unangenehme Weise eine Wiederholung dessen sind, was man in der gerade erst auseinandergegangenen Beziehung empfunden hat.

Wegen der ganz ähnlichen Gefühle und Erfahrungen spielen sich die Nachwehen in sehr komprimierter Form ab. Sie sind sozusagen der Spiegel, in dem wir die nicht mehr existente Beziehung noch einmal zu Gesicht bekommen und richtig einzuschätzen lernen. Jetzt wird uns vieles endgültig und überdeutlich klar, was wir bisher noch nicht begriffen hatten.

Diese kurzen Beziehungen im nachhinein sind in der Regel keine echten Liebesbeziehungen, sie sollen uns vielmehr die Augen öffnen. Ihre Hauptaufgabe besteht darin, uns noch einmal zu demonstrieren, was uns die gerade erst beendete Beziehung lehren sollte. Ist das geschehen, löst man sich erstaunlich schnell aus diesen nachträglichen Beziehungen, ohne daß sie in ein Trauma ausarten. Oft läßt man sich gleich im Anschluß an eine gescheiterte Beziehung wieder auf eine Beziehung ein. Dabei geht es um den Wiederholungseffekt. Die Betroffenen neigen dazu, sich wieder Partnern zuzuwenden, die den gleichen Beruf, die gleichen Gewohnheiten und die gleichen Laster haben wie ihre Vorgänger – oder die genauso aussehen.

Es kommt erstaunlich häufig vor, daß sich jemand auf einen Partner einläßt, der sogar den gleichen Namen trägt wie derjenige, von dem er sich gerade erst getrennt hat. Das beobachte ich immer wieder.

»Es ist doch wirklich nicht zu fassen. Schon wieder ein Jim. Dabei kann ich diesen Namen auf den Tod nicht ausstehen. Gerade erst habe ich einen Jim zum Teufel geschickt, und schon taucht der nächste auf.«

»Ja, ganz richtig, er hieß David. Mein jetziger Partner heißt auch wieder David.«

»Ich konnte kaum glauben, daß sie auch Linda heißt.«

»Susan ist zwar nicht Sue, klingt aber doch sehr ähnlich.«

Das ist natürlich keine Absicht, wie die obigen Reaktionen zeigen. Trotzdem ist es bedeutsam, denn der Name ruft

Empfindungen und bestimmte Erinnerungen an die gerade gescheiterte Beziehung wach. Dadurch bietet es sich an, die frühere Beziehung richtig einschätzen zu lernen. Es kommt auch vor, daß die Ähnlichkeit viel weiter geht und es sich nicht nur um eine Namensgleichheit handelt. Eine Frau, die sich nach 18 Jahren Ehe gerade erst von einem Polizisten mit grünen Augen und schwarzen Haaren hatte scheiden lassen, ließ sich mit einem pensionierten Polizisten ein, der ebenfalls grüne Augen und schwarze Haare hatte.

In dieser nachträglichen Beziehung kam es schon bald zu den gleichen Konfliktsituationen wie während ihrer Ehe – zu einem Machtkampf ohnegleichen, wovon sie sich nie hatte freimachen können und der schließlich der Scheidungsgrund gewesen war.

»Es war, als müßte ich das alles noch einmal durchmachen«, sagte sie. »Beim Auseinanderbrechen meiner Ehe habe ich so viel durchgemacht, daß ich den strittigen Punkten gegenüber schon fast blind war. Doch als ich das dann alles noch einmal erlebte, ging mir endlich ein Licht auf. Plötzlich war mir alles sonnenklar. Durch die zweite Beziehung bestätigte sich, daß mein Entschluß, mich scheiden zu lassen, richtig gewesen war.«

Ein Mann, der sich erst vor kurzem von einer erfolgreichen Anwältin hatte scheiden lassen, ließ sich kurz mit einer Börsenmaklerin ein. »Nicht zu fassen – da hatte ich mich gerade erst von einer karrieresüchtigen Frau scheiden lassen, und siehe da, schon war ich wieder in der gleichen Lage. Wieder fühlte ich mich machtlos und irgendwie überfahren. Wieder wiegte ich mich in der trügerischen Hoffnung, daß sie Zeit für mich haben würde. Wieder fragte ich mich, ob sie wohl für mich kochen würde, ob ich ihr überhaupt etwas bedeutete. Das war mir alles so vertraut, und es tat weh. Anfänglich verwirrte mich das Altbekannte – ich fühlte mich irgendwie heimisch, doch dann dämmerte mir die schreckliche Erkenntnis, daß das nicht gutgehen konnte, bis ich endgültig begriffen hatte: ›Mein Gott, genau das habe ich doch gerade hinter mir‹, mußte ich mir sagen. ›So darf es nicht noch einmal kommen!‹ An dem Abend, an dem ich zum fünfzehntenmal hintereinander mit ihr essen ging, wurde mir das schlagartig klar, und ich machte sofort Schluß.«

Es gibt eine ganze Skala solcher Wiederholungen. So kann es zum Beispiel heißen: »Mein Mann wollte immer über das gesamte Geld bestimmen, und da bringe ich es auch noch fertig, mit diesem Burschen auszugehen, der jeden Pfennig zweimal umdreht.« Manchmal heißt es auch: »Meine Frau trank heimlich, und nun bin ich dahintergekommen, daß dieses Mädchen schon kaum mehr gerade gehen kann, wenn wir uns treffen.«

Eine meiner Patientinnen ließ sich mit einem Mann aus Montana ein, der entschieden zuviel trank, dann gewalttätig wurde, und so sensibel wie ein Neandertaler war, wie sie sich ausdrückte. Ein halbes Jahr zuvor hatte sie sich scheiden lassen. Ihr Mann war in Montana aufgewachsen und war im Suff gewalttätig geworden. Und betrunken war er oft.

»Zuerst dachte ich noch: ›Die Männer sind eben so‹, doch dann erkannte ich, daß es an mir lag. Schließlich hatte *ich* die Wahl. Und trotzdem war ich wieder an einen gewalttätigen Mann geraten. Wahrscheinlich mußte ich das noch einmal durchmachen, um zu begreifen, was sich da abspielte. Das hat mir sehr geholfen, denn nun hatte ich nicht mehr den leisesten Zweifel, daß es richtig gewesen war, mich von meinem Mann scheiden zu lassen.«

Die Nachwehen der Beziehung sollen den Betroffenen folgendes zu verstehen geben: »Für den Fall, daß Sie immer noch nicht glauben können, was Ihnen da zugestoßen ist und daß es dazu kommen mußte, lassen wir den Film eben noch einmal ablaufen.«

Keine Beziehung ist vollkommen. Man muß immer mit Enttäuschungen und Unzulänglichkeiten rechnen. Das Erstaunliche an diesen Beziehungen im nachhinein ist die Tatsache, daß man sich oft kurz nach dem Scheitern einer Beziehung schon wieder auf etwas einläßt, wobei man eben das noch einmal durchmacht, was man in der vorigen Beziehung so unerträglich fand. Es ist fast, als würde man sich eine Leiche im Leichenschauhaus noch einmal ansehen, als wollte man sagen: »Noch einen letzten Blick, bevor ich endgültig Abschied nehme.«

Diese Nachwehen der Beziehung, diese Beziehung im nachhinein, kann einen vieles lehren. Daher ist es sehr wichtig, daß man sie richtig einschätzt und sich die Frage stellt, wie man dazu steht. Mit Hilfe seiner Erfahrungen erkennt man, was man über die gescheiterte Beziehung unbedingt noch wissen mußte.

Im Gegensatz zu der Frau, die zunächst aufgrund der gleich anschließenden Beziehung annahm, daß die Männer nun einmal so sind, muß man diese Beziehungen richtig einschätzen, damit man die gerade beendete Beziehung wenigstens hinterher durchschaut. Durch diese nachträglichen Beziehungen hat man Gelegenheit, sich vom Gefühl her endgültig zu lösen und sich auf einen Partner einzustimmen, der besser zu einem paßt.

8. Kapitel

Trennungsrituale: Ihr persönliches Arbeitsheft

Um sich endgültig mit dem Ende Ihrer Beziehung abzufinden, müssen Sie eine ganze Reihe von Stadien durchlaufen, denn daran führt kein Weg vorbei. Damit Sie auch emotionell mit der Beziehung ins reine kommen, müssen Sie die einzelnen Stadien auch vom Gefühl her bewältigen. Erst dann können Sie sich dem nächsten Lebensabschnitt zuwenden.

So müssen Sie zum Beispiel die gesamte Gefühlsskala durchlaufen, die im 5. Kapitel aufgezeigt worden ist. Sie müssen sich der Verweigerung stellen, dem Tränenstrom, dem unbändigen Zorn und den Schuldzuweisungen. Auch die Verhandlungsphase gilt es hinter sich zu bringen, die Selbstgeißelung. Irgendwann gelangen Sie zu der Erkenntnis, daß auch die letzte Verbindung abgerissen ist. Von da an ist es nur noch ein kleiner Schritt, bis Sie mit der Beziehung abgeschlossen haben.

Zwei Dinge müssen Sie begreifen, um sich mit dem Scheitern der Beziehung abfinden zu können. Zunächst einmal müssen Sie im Hinblick auf den Sinn und die Bedeutung des Auseinandergehens zu einer anderen Einstellung gelangen, sich eine andere Geisteshaltung angewöhnen und sich sagen, daß eine Beziehung auseinandergehen darf, daß es Beziehungen gibt, die man besser hinter sich bringt. Außerdem muß man sich damit abfinden, daß einem der Trennungsprozeß sehr zu schaffen macht. Es ist nicht, wie wenn man sich eines Müllsacks entledigt oder sich einen

wehen Zahn ziehen läßt. Statt dessen stellt man fest, daß es ein langwieriger Prozeß ist, der einen mehr mitnimmt, als man sich hat träumen lassen.
Natürlich wäre es ideal, wenn Sie mit Ihrem Partner über Ihre Empfindungen und den Loslösungsprozeß sprechen, diesen womöglich sogar mit ihm zusammen bewältigen könnten. Es wäre schon eine große Hilfe, wenn Sie mit Ihrem Partner über alles sprechen könnten, was schiefgelaufen ist, und warum es die beste Lösung ist, sich zu trennen. Da sich das jedoch nur selten machen läßt, habe ich eine Aufstellung entworfen, die ich Trennungsritual nennen möchte. Sie beinhaltet eine Reihe von Übungen, mit deren Hilfe Sie Ihre eigene emotionelle Loslösung bewerkstelligen können. Diese Übungen können Sie allein machen. Sie sind ausdrücklich darauf abgestimmt, Ihnen den Gefühlsablauf zu verdeutlichen, den die Trennung vom Partner mit sich bringt. Die Übungen sollen es Ihnen leichter machen, sich gefühlsmäßig mit der Trennung und dem Ende der Beziehung abzufinden.
Die Übungen sind so auf Sie abgestimmt, daß jeder Teilabschnitt des emotionellen Ablaufs, der noch nicht überwunden ist, jetzt abgeschlossen werden kann. Oder anders ausgedrückt: Wenn Sie emotionell noch nicht ganz mit sich im reinen sind, werden Ihre noch nicht stimmigen Gefühle durch diese Übungen wie in einem Netz festgehalten, damit Sie sie durchleben und hinter sich bringen können. Ohne diese Gliederung gibt es kaum ein Weiterkommen, und Sie stranden womöglich irgendwo inmitten dieses Trennungsvorgangs. Es kann in der Tat sehr leicht passieren, daß man nach der Trennung vom Partner lange wie gelähmt ist. Viele Leute haben sich schon hilfesuchend an mich gewandt, die mit einer Beziehung noch nicht abgeschlossen hatten, die schon vor fünf, zehn oder sogar ei-

nem Dutzend Jahren auseinandergegangen war. Ein Mann von über sechzig Jahren kam zu mir, weil er seine Scheidung noch nicht verkraftet hatte. Er war mit siebenundzwanzig Jahren geschieden worden! Dank dieser Übungen müssen Sie sich wohl oder übel mit Ihren Gefühlen auseinandersetzen. Wenn Sie zum Beispiel in der Phase steckengeblieben sind, in der Sie die ganze Schuld am Scheitern der Beziehung auf sich nehmen oder Sie Ihrem Partner in die Schuhe schieben, können Sie mit Hilfe dieser Übungen darüber hinwegkommen.

Ich habe diese Übungen in Workshops angewandt. Dabei konnte ich immer wieder feststellen, daß die Hilfesuchenden zum Schluß den Eindruck hatten, daß sie sich nun endgültig gelöst und mit der Trennung abgefunden hatten. Es gab auf jeden Fall einen Fortschritt zu verzeichnen, auch wenn die Leute noch sehr litten oder verwirrt waren oder zu der Auffassung neigten, daß sie nie wirklich über die Trennung hinwegkommen würden. Alle versicherten mir, sie hätten etwas über die Beziehung gelernt, was ihnen bis dahin nicht klar gewesen war, sie könnten sich nun lösen. Ich bekam immer wieder zu hören: »Jetzt verstehe ich, jetzt kann es weitergehen.«

Die Trennungsrituale bestehen aus fünf Übungen, von denen jede wiederum in mehrere Teile unterteilt ist. Sie sollen nicht gleich alle an dem Tag absolviert werden, an dem Sie erfahren, daß die Beziehung gescheitert ist und es zur Trennung kommen wird. Sie sollen sich vielmehr damit beschäftigen, nachdem Sie Ihre ureigene Gefühlsskala im Hinblick auf die Trennung durchlaufen haben. Sie sollten folgendermaßen vorgehen, damit sich die Übungen möglichst vorteilhaft für Sie auswirken: Zunächst einmal müssen Sie diese Übungen wirklich ernst nehmen. Sie können sie nicht hinter sich bringen, als würden Sie ein Kreuzworträtsel lösen oder einen Artikel in einer Zeitschrift lesen. Legen Sie sich zu diesem Zweck ein Heft zu, in das Sie alles eintragen, damit Sie jederzeit darauf zurückgreifen können. In diesem Arbeitsheft verzeichnen Sie den emotionalen Heilungsprozeß.

Nehmen Sie sich außerdem reichlich Zeit dafür. Setzen Sie für jede Übung mindestens eine halbe Stunde, möglichst aber eine Stunde an. Ziehen Sie sich an einen ruhigen Ort zurück, und zwar möglichst zu einer Zeit, zu der Sie niemand stört. Besser nicht am Nachmittag, wenn die Kinder aus der Schule kommen oder völlig abgehetzt am Morgen, bevor Sie zur Arbeit gehen.

Machen Sie die erste Übung, und warten Sie, bis sie sich in Ihnen festgesetzt hat. Es kann sein, daß Sie bestrebt sind, sich danach gleich der nächsten Übung zuzuwenden, aber da es um tiefgreifende Emotionen geht, sollten Sie sich genügend Zeit lassen, damit Ihnen die Übungen auch wirklich etwas bringen. Vielleicht möchten Sie sich gleich an die nächste Übung machen oder ein paar Tage oder sogar eine Woche warten.

Fangen Sie erst an zu schreiben, nachdem Sie sich die Übung selbst und die dazugehörigen Beispiele durchgelesen haben. Das ist kein Wettlauf, Sie brauchen sich also nicht abzuhetzen. Sie sollen lediglich so viel Gefühl investieren und so viel daraus lernen, daß Sie damit arbeiten können, mit dem Endziel, sich zu lösen. Ihre Sätze brauchen stilistisch nicht einwandfrei zu sein, das spielt dabei keine Rolle. Auch Wunschdenken ist hier weniger gefragt. Drücken Sie Ihre wahren Gefühle aus. Meistens sind es genau die Gefühle, die Sie sofort überfallen, wenn Sie die Frage gelesen haben. Sie brauchen ihnen dann nur noch schriftlich Ausdruck zu verleihen. Fassen Sie also bitte in Worte, was immer Ihnen in den Sinn kommt, ganz gleich, ob es Ihnen sinnvoll erscheint oder nicht, ob es Ihnen womöglich peinlich ist oder Sie nicht wollen, daß jemand davon erfährt.

1. Übung: Schreiben Sie Ihre Liebesgeschichte auf

Wenn eine Beziehung in die Brüche geht, möchte man am liebsten verdrängen, daß man je verliebt war, um den Schmerz, der einen plagt, herunterzuspielen, doch damit macht man sich nur etwas vor. Um das Scheitern einer Beziehung wirklich zu verwinden, muß man die gesamte Gefühlsskala noch einmal durchleben, angefangen bei der Zeit, in der man sich verliebt hat. Hätten Sie sich nicht in Ihren Partner verliebt, wäre es ja nicht so schwer, sich diese Liebe wieder aus dem Herzen zu reißen. Hätte Sie nicht ursprünglich etwas an Ihrem Partner gefesselt bzw. gefangengenommen, wäre es nicht so schwer, am Ende wieder loszulassen.
Anstatt den Erinnerungen aus dem Weg zu gehen, die so schmerzlich sind, sollten Sie über Ihre Beziehung schreiben, um den Heilungsprozeß zu fördern.

A. Halten Sie schriftlich fest, wie Sie sich in Ihren Partner verliebt haben. Dazu gehört auch, wo Sie sich kennengelernt haben, was Sie an ihm fasziniert hat und was der Partner an sich hatte, daß er Ihnen als der richtige erschien. Wodurch schien er Ihren geheimen Wünschen oder Bedürfnissen zu entsprechen?

B. Lassen Sie sich zunächst einmal über das Anfangsstadium der Beziehung aus, berichten Sie über Ihre erste Verabredung, die erste kurze Zeit, die Sie miteinander verbracht haben. Versuchen Sie sich daran zu erinnern, was zu der Zeit in Ihnen vorging. Schreiben Sie offen über Ihre Empfindungen, und unterschlagen Sie auch nicht, was Sie sich erhofft haben. Aufgrund Ihrer positiven Gefühle haben Sie sich ja von der Beziehung allerhand erwartet, entweder ganz bewußt oder auch unbewußt. Manche dieser Erwartungen waren gerechtfertigt und haben sich später erfüllt, doch andere waren wiederum völlig aus der Luft gegriffen. Beschäftigen Sie sich nicht damit, wie die Sache ausging, sondern wenden Sie sich dem Anfangsstadium zu, den ursprünglichen Gefühlen und Erwartungen. Wie haben Sie sich die Beziehung vorgestellt? Haben Sie sich ausgemalt, daß sie so verlaufen würde?

C. Schreiben Sie über den ersten Hinweis darauf, daß es schiefgehen würde. Bei jeder Beziehung gibt es schon ganz zu Anfang einen kleinen Fingerzeig (den man jedoch nicht beherzigt), daß die Sache nicht gut ausgehen kann, daß die Beziehung nicht von Dauer sein wird. Es kann sich dabei auch um etwas ganz Merkwürdiges handeln. Eine Frau erzählte: »Ich weiß auch nicht wieso, aber als ich die winzigen Zähne in seiner unteren Zahnreihe sah, wußte ich, daß es nicht klappen würde.« Später stellte sich dann heraus, daß der Mann, ein wahrer Hüne, in Wirklichkeit ein sehr passiver Mensch war, und an seiner Weigerung, dagegen anzugehen, ist die Beziehung im Endeffekt gescheitert. Indem die Frau sich unbewußt an seinen kleinen Zähnen störte, machte sie sich klar, daß er nicht groß und stark war, sondern sich immer passiv verhalten würde.
Eine andere Frau berichtete, daß der Mann, von dem sie sich gerade getrennt hatte, schon bei ihrer ersten Verabredung ständig geflucht und unflätige Reden geführt hatte.

Er war ihr gegenüber zwar sehr großzügig, aufmerksam und rücksichtsvoll gewesen, doch im weiteren Verlauf der Beziehung hatte sie erkannt, daß seine wüste Redeweise ein frühzeitiger Hinweis auf seine spätere Unbeherrschtheit war.
Einen Hinweis gibt es immer – meistens etwas ganz Sublimes, was man nicht beherzigt, doch aufgrund dieses Fingerzeigs ist das Ende der Beziehung schon vorprogrammiert.

Es folgt ein Beispiel für die 1. Übung:

»Ich habe ihn auf einer Party gemeinsamer Freunde kennengelernt. Auf dieser Party fühlte ich mich gar nicht wohl. Er war praktisch der einzige Mensch, mit dem ich reden konnte. Wahrscheinlich habe ich mich dadurch zu ihm hingezogen gefühlt, und natürlich durch sein Aussehen. Er sah sehr gut aus, war groß und dunkelhaarig. Am meisten hat mich aber an ihm fasziniert, daß man sich so gut mit ihm unterhalten konnte. Das Gespräch machte mir nicht nur Spaß, es bewegte sich auch auf einer höheren geistigen Ebene.«
Und wie war mir nach der ersten Begegnung zumute?
»Ich war furchtbar traurig. Ich dachte: ›Mein Gott, der Mann gefällt mir wirklich. Ich kann mich phantastisch mit ihm unterhalten und fühle mich in seiner Gegenwart sehr wohl. Er ist genau mein Typ, aber leider wohnt er 3000 Meilen weit weg.‹ Ich habe mich wohl nach ihm gesehnt und inständig gehofft, daß wir uns wiedersehen würden, doch vorstellen konnte ich mir das eigentlich nicht so recht.«
Und was habe ich mir davon versprochen?

»Also, unsere Freunde haben dafür gesorgt, daß wir uns wiedersahen. Da wir beide das Gefühl hatten, daß wir zusammengehören, beschlossen wir, die Entfernung irgendwie zu überbrücken. Ich habe mich darauf verlassen, daß es die vollkommene Liebe sein würde, weil wir uns so schnell ›erkannt‹ hatten. Mußten da nicht alle Schranken und alle Grenzen fallen? Er war vom einen Ende des Landes ans andere gezogen, um bei mir sein zu können. Deshalb rechnete ich fest damit, daß alles gutgehen würde. Wahrscheinlich habe ich mir eingebildet, daß er immer Opfer für mich bringen würde. Ich baute fest darauf, daß wir gemeinsam alt werden und noch viele so schöne Gespräche führen würden wie am ersten Abend.«
Und an welchem Fingerzeig hätte man schon frühzeitig ablesen können, daß die Beziehung in die Brüche gehen würde?
»Eigentlich fiel mir schon bei diesem faszinierenden Gespräch am ersten Abend auf, daß er fast nur über sich sprach. Natürlich hörte ich ihm gern zu. Was er da erzählte, war ja sehr interessant für mich. Hinterher hatte ich aber das ungute Gefühl, daß er sich weit mehr für sich interessierte als für mich. Aber leider habe ich den Zweifel erst gar nicht an mich herangelassen.«

So, die Vorarbeit ist geleistet. Schreiben Sie nun Ihre Liebesgeschichte auf.

2. Übung: Bleiben Sie bei der Wahrheit

Bei jeder Liebesgeschichte machen wir uns etwas vor. Wir sehen die erste Begegnung in einem strahlenden Licht, betrachten sie als Schicksal und fühlen uns wie verzaubert.

Wir verlieben uns Hals über Kopf und rechnen fest damit, daß wir »bis an unser seliges Ende« zusammenbleiben werden.
Die »Liebesgeschichte« umfaßt die Illusionen, das Liebeserlebnis und die Hoffnung, die man mit jeder Herzensbeziehung verknüpft, ob diese Beziehung nun bis ans Lebensende hält oder nicht.
Wenn wir einmal näher untersuchen, was sich in unseren Beziehungen tatsächlich abspielt, entdecken wir, daß gleichzeitig auch noch etwas anderes abläuft bzw. parallel dazu verläuft. Und zwar der Entwicklungsprozeß. Mit Hilfe der 2. Übung können Sie feststellen, welche Entwicklung in Ihrer Beziehung stattgefunden hat.

A. Notieren Sie, wie Ihr Leben zu Beginn der Beziehung verlief. Welche Ziele hatten Sie und Ihr Partner sich gesetzt, bevor Sie sich begegneten? Wollten Sie sich selbständig machen, wollten Sie Kinder haben oder Ihr Studium abschließen?

B. Wie stand es bei Ihnen im Hinblick auf eine Beziehung? Haben Sie darauf gewartet, eine neue Beziehung eingehen zu können? Hatten Sie gerade erst eine gescheiterte Beziehung hinter sich? Steckten Sie gerade mitten in einer Liebesaffäre?

C. Welche Entwicklungsaufgabe stand gerade zur Debatte? Und wie sah es damit bei Ihrem Partner aus? Haben Sie gehofft, daß Ihnen die mütterliche Behandlung zuteil werden würde, die Ihnen nie vergönnt gewesen war? Wollten Sie Ihre Sexualität einbringen? Sich Ihrer Macht, Schönheit oder Intelligenz bewußt werden? Oder wollten Sie dahinterkommen, warum Ihr Vater unerreichbar und Ihre Mutter so besitzergreifend war?

D. Wie konnte Ihr Partner von Ihnen profitieren? Inwiefern haben Sie von ihm bzw. ihr profitiert? Zum Beispiel: Er hat mich davon überzeugt, daß ich ein liebenswerter Mensch bin, und ich habe ihn aus den Klauen seiner Mutter befreit.

E. Wie hat sich der Fingerzeig, daß es schiefgehen mußte, im Endeffekt bewahrheitet? Es stellte sich heraus, daß derjenige, der schon bei der ersten Verabredung entschieden zuviel getrunken hat, Alkoholiker war. Oder derjenige, der sich erst nächste Woche mit Ihnen treffen wollte, war im Grunde genommen gar nicht darauf aus, eine Beziehung einzugehen. Und der überaus Großzügige erwies sich als Verschwender.

F. Wie würde der Titel lauten, wenn Ihre Beziehung Stoff für einen Roman oder einen Film hergäbe? Hier ein paar Beispiele: *Große Erwartungen; Zwei Schiffe, die in der Nacht hätten aneinander vorbeisegeln sollen; Das gefährliche Jahr; Mehr wäre weniger gewesen; Entschieden zuviel Alkohol.*

G. Was war der wahre Grunde dafür, daß Ihre Beziehung gescheitert ist? Das müssen Sie ergründen, denn nur so können Sie Ihre Entwicklungsphase abschließen. Welcher Aufgabe sind Sie gerecht geworden? Hier ein paar Beispiele:
»Jetzt brauche ich endlich keine Mutter mehr.« »Endlich

bin ich mir meiner Macht bewußt geworden.« »Wir haben dafür gesorgt, daß die Kinder flügge werden.« »Uns hat nichts als der Sex verbunden, und das reicht eben nicht.« Trifft ein Teil dieser Erkenntnisse auch auf den Partner zu?

Ich führe ein Beispiel für die 2. Übung an:

»Als ich Hank kennenlernte, war ich ein richtiges Mauerblümchen. Als Jugendliche muß ich wohl sehr hübsch gewesen sein, aber niemand hat mir das je gesagt. Ich wuchs heran, heiratete und fristete jahrelang mein Dasein als biederes Hausmütterchen. Das war ich auch nach meiner Scheidung noch. Und auch, als ich Hank begegnete.
Er sah mich jedoch in einem anderen Licht, rief meine längst vergessene Jugend wieder in mir wach, so daß ich förmlich erblühte. Er behandelte mich, als sei ich wunderschön, und dadurch wurde ich tatsächlich schön. Das häßliche Entlein verwandelte sich in einen schönen Schwan. Endlich wurde ich mir meiner Schönheit bewußt und hielt mich selber für begehrenswert.
Aber auch er konnte von mir profitieren. Durch mich wurde er sich seiner Macht als Mann bewußt. Beruflich quälte er sich schon ewig ab. Ihm fehle eine schöne Frau, die ihm zur Seite stand, eine Art Maskottchen, jemand, für den sich das Risiko und all der Ärger lohnte. Er rackerte sich für mich ab und hatte bald geschäftliche Erfolge zu verzeichnen.
Ich glaubte an ihn und machte ihm Mut, was bisher noch niemand getan hatte. Schließlich begann auch er an sich zu glauben. Er nutzte die Chancen, die sich ihm boten und hatte Erfolg damit.
Die Schöne und der Geschäftsmann wäre der geeignete Roman- oder Filmtitel für diese Beziehung. Ich verdanke es ihm,

daß ich mir meiner Schönheit bewußt geworden bin und konnte mich revanchieren, indem ich ihm das Gefühl vermittelte, daß er es zu etwas bringen würde.
Ein Fingerzeig wies schon bei unserer ersten Begegnung darauf hin, daß unsere Beziehung scheitern würde. Hank war nämlich von einem unbändigen Zorn erfüllt. Ich gefiel ihm zwar ausnehmend gut, er konzentrierte sich ganz auf mich und gab mir zu verstehen, wie schön er mich fand, doch zwischendurch äußerte er sich immer wieder haßerfüllt über andere Menschen und Dinge. »Vielleicht liegt es daran, daß er es beruflich auch nicht weit gebracht hat«, sagte ich mir mit der Zeit. Er war unbeherrscht, konnte seinen Zorn nicht bändigen. Daran ist unsere Beziehung im Endeffekt gescheitert. Ich hätte das nicht bis in alle Ewigkeit ertragen, und er konnte das auch nicht damit wiedergutmachen, daß er so an mir hing. Er hatte so fürchterliche Wutanfälle, daß ich es schließlich nicht mehr aushielt. Ständig mußte ich damit rechnen, daß er einen Tobsuchtsanfall bekommen würde. Schon der nichtigste Anlaß genügte. Ich ging praktisch nur noch auf Zehenspitzen, um ihn nicht zu reizen.
Ich kann das natürlich nicht mit Bestimmtheit sagen, aber ich glaube, auch für ihn hat es einen solchen Fingerzeig gegeben. Er hat oft durchblicken lassen, daß er von Anfang an den Eindruck hatte, als sei ich nicht wirklich für ihn da. Damit hatte er wahrscheinlich recht. Ich hatte gerade erst eine lange Ehe hinter mir und war nicht wieder bereit, eine ernsthafte Beziehung einzugehen. Ich wollte mich eigentlich nur amüsieren, ein sorgloses Leben führen. Irgendwann hatte er es wohl satt bekommen, ewig zu warten und mir zuzureden, damit ich mich wieder auf eine ernsthafte Beziehung einließ. Meine fadenscheinigen Argumente und meine Neugier auf das, was das Leben sonst noch zu bie-

ten hat, müssen ihm schrecklich auf die Nerven gegangen sein.
Ja, woran ist die Beziehung nun eigentlich gescheitert? Als Erwachsene haben wir einfach nicht mehr zusammengepaßt. Sein Beruf hat mich gelangweilt. Der Gedanke war mir unerträglich, mir ewig Geschichten darüber anhören zu müssen und das Auffangbecken für seinen Zorn zu sein, wenn wieder etwas schiefgelaufen war. Als Mensch nahm er mich nicht hinreichend gefangen. Es hat mich lediglich fasziniert, wie er auf mich reagierte, daß er mir solche Aufmerksamkeit widmete, aber von *ihm* war ich nicht gefesselt.
Für die Trennung gibt es aber auch noch einen anderen Grund. Nun, da ich endlich wußte, wie schön und begehrenswert ich war, wollte ich das auch erproben, wollte losziehen und das ausprobieren. Hank wollte, daß ich nur als sein Maskottchen rumsaß, aber da ich mich nicht mehr als Mauerblümchen fühlte, war dieser Lebensabschnitt für mich abgeschlossen. Ich hatte noch allerhand vor, nichts hielt mich mehr bei Hank.
Ihm schwebte eine konventionelle Beziehung vor, in der der Mann arbeitet und die Frau einfach nur schön ist. Ich wollte mich hingegen weiterentwickeln, meine Möglichkeiten voll ausschöpfen. Das konnte auf die Dauer gar nicht gutgehen. Wir haben einfach nicht zusammengepaßt.«
Erzählen Sie nun wahrheitsgemäß von Ihrer Beziehung.

3. Übung: Sich mit der Trennung abfinden

Es ist schön und gut, die Beziehung im nachhinein zu analysieren, um sich darüber klarzuwerden, und diese nachträglich gewonnenen Einsichten sind ja auch tatsächlich sehr nützlich. Natürlich kann man die große Liebe seines Lebens – mit einem Etikett versehen – dem ureigenen Gefühlsarchiv einverleiben, doch wie wird man mit dem Kummer fertig? Die Trennung vom Partner kann furchtbare Qualen nach sich ziehen.

Man begreift ja nicht nur, was sich in der Beziehung abgespielt hat, und lernt nicht nur daraus, sondern muß auch bestimmte Gefühle über sich ergehen lassen, während sich die Beziehung unaufhaltsam und unwiderruflich auf das Ende zubewegt. Nun wird es langsam Zeit, sich mit diesen Gefühlen auseinanderzusetzen. Diese Übung ist in sechs Einzelteile aufgeteilt. Mit Hilfe dieser Übung durchlaufen Sie die verschiedenen Gefühlsstadien bis zur endgültigen Loslösung. Ich möchte Ihnen noch einmal vor Augen halten, daß jede Übung ihre Zeit braucht. Vielleicht dauert es tage- oder sogar wochenlang, bis Sie den Schritt zum nächsten Teil vollziehen. Bedenken Sie, daß Sie ja nicht nur alles schriftlich festhalten, sondern auch gefühlsmäßig noch einmal durchleben.

A. *Etwas ist eingerastet*

Begeben Sie sich zu dem Punkt zurück, an dem bei Ihnen »etwas eingerastet« ist. Wie kam es zu diesem Wendepunkt? Durch welches Wort, welchen Vorfall, welche Begegnung oder welchen Betrug wurde Ihnen klar, daß es so nicht mehr weitergehen kann?

»Ein halbes Jahr habe ich sie bei ihrer Selbstfindung unterstützt, ohne daß sie mir das irgendwie vergolten hätte. Da hat es mir endgültig gereicht. Als sie mich eines morgens bat, die Wäsche zu waschen, bin ich ausgerastet und wußte, daß es keinen Sinn mehr hat.«

»Als er zum vierhundertsten Mal betrunken heimkam, hatte ich die Nase voll.«
»Als er die ihm angebotene Stelle ablehnte, reichte es mir.«
»Als sie zum fünftausendsten Mal vergaß, mich nach ihrer Sitzung anzurufen, begriff ich, daß wir uns trennen mußten.«
Schreiben Sie jetzt auf, was bei Ihnen den Ausschlag gegeben hat.

B. *Der Fuchs und die Trauben*
Führen Sie die Gründe auf, weshalb es sowieso nicht hätte klappen können.
Wenn eine Beziehung auseinandergeht, lamentiert man manchmal: »Hätte ich doch nur ...« oder »Wäre ich doch bloß ...« Eins steht jedoch fest, wenn eine Beziehung scheitert: Was einem an Kraftreserven zur Verfügung stand, um die Beziehung zu bereichern, zu vervollkommnen oder auch nur aufrechtzuerhalten, hat nicht ausgereicht. Anstatt sich selbstzerstörerischen, nostalgischen Gefühlen hinzugeben, sollte man sich lieber hinsetzen und sich durch das Aufführen der Gründe im Sinne der Fabel »Der Fuchs und die Trauben« vor Augen halten, wieso es gar nicht gut ausgehen konnte. Dadurch bestätigt sich das Vorgefallene, und womöglich sagt man sich sogar, daß man sich schon längst hätte trennen sollen. Ich möchte das anhand eines Beispiels demonstrieren:

Warum es mit X nie gutgegangen wäre:
»Mich stört seine Abhängigkeit von mir. Er ist zu sehr auf mich fixiert, weiß nichts mit sich anzufangen. Mit seinen vierzig Jahren ist ihm noch nicht klar, was er werden will, wenn er erwachsen ist.«

»Er ist zu klein. Schließlich habe ich es nicht mehr verkraftet, mein Leben an der Seite eines Winzlings zuzubringen. Wenn das Sexualleben mit ihm auch phantastisch ist, kann ich doch auf die Dauer nicht mit jemandem zusammenleben, mit dem ich am liebsten nicht gesehen werden möchte, weil mir das peinlich ist.«

»Sie ist zu jung für mich. Irgendwann würden diese fünfzehn Jahre Altersunterschied eine Rolle spielen. Bei einer vorübergehenden Beziehung mag Schönheit wichtig sein, aber auf die Dauer genügt das eben nicht.«

»Er macht kaum den Mund auf. Sein Schweigen ist mir unerträglich. Daß er aber auch so gar kein Mitteilungsbedürfnis hat. Ich brauche einen Partner, der sich mit mir unterhält.«

»Er war zu überheblich. Ich habe versucht, mich damit abzufinden. Aber er ist unverbesserlich, und schließlich habe ich es nicht mehr ausgehalten. Es war zu strapaziös. Mit so einem rechthaberischen Menschen kann ich nicht zusammenleben. Damit macht man sich das Leben nur unnötig schwer.«

»Sie war mir zu hysterisch. Ansonsten ein wunderbarer und aufregender Mensch und ein sehr erfreulicher Anblick, aber ihre Hysterie war einfach tödlich. Sie hat mich so viel Kraft gekostet! Es ist doch auf die Dauer unerträglich, sich täglich fragen zu müssen, ob man beim Heimkommen eine liebevolle Ehefrau oder eine Furie antrifft. Ich brauche eine ausgeglichenere Partnerin.«

»Sie wollte mehr reden, als mir lieb war. Und eine weit größere Vertrautheit, als ich verkraften konnte. Ich gehe nämlich nicht in der Beziehung auf, der Beruf ist mir viel wichtiger. Ständig hatte ich das Gefühl, ihr nicht genug geben zu können, und ich möchte deswegen nicht ständig ein schlechtes Gewissen haben.«

Notieren Sie nun, warum es mit Ihrer Beziehung gar nicht klappen konnte, und zählen Sie die Gründe im Sinn der vorgenannten Fabel auf.

C. *Der Schmähbrief*
Wahrscheinlich sind Sie von einem unbändigen Zorn erfüllt – ganz gleich, ob die Trennung von Ihnen oder von Ihrem Partner ausgegangen ist.
Wer hat es schon gern, wenn ihm der Boden unter den Füßen weggezogen wird? Wer möchte schon, daß sein ganzes Leben umgekrempelt wird? Wenn uns das widerfährt, möchten wir unserem Partner die Verantwortung dafür in die Schuhe schieben, daß wir so unbeherrscht reagieren. Manchmal bleiben wir auch von Rachegelüsten nicht verschont.
Diese unbändige Wut und vor allem gewalttätige Ambitionen sind wahrhaftig furchterregend. Damit will man nichts zu tun haben, solche Gedanken möchte man zurückdrängen. Hat einem die Mutter nicht beigebracht, daß Haß- und Rachegefühle gar nicht erst in einem aufkommen dürfen? Damit die verheerende Wunde, die uns durch die Trennung zugefügt wurde, verheilen kann, müssen wir auch diese unguten, durch und durch negativen Gefühle durchleben, um sie zu bewältigen. Man muß die Zügel schleifen lassen, um sich zunächst einmal dazu zu bekennen – wenn auch auf eine Art und Weise, die nicht destruktiv ist.
Eine ausgezeichnete Methode ist der Schmähbrief. Zu dieser Übung gehört, daß man einen Brief an seinen Partner schreibt, in dem man sich keinen Zwang antut und seinen Gefühlen freien Lauf läßt. In diesem Brief kann man sich so richtig austoben, dem Partner an den Kopf werfen, was

einem gerade in den Sinn kommt, Nachsicht mit sich selbst üben, dem Partner hingegen die Pest an den Hals wünschen.
In diesem Schmähbrief verleiht man seinen heftigen Gefühlen Ausdruck, ohne sich selbst oder sonst irgend jemandem damit zu schaden.

Lieber X,
mir graust es schon bei Deinem Anblick, Du selbstgefälliger, habgieriger Egoist. Du willst andere Menschen dazu bringen, Risiken einzugehen, bist aber selbst zu feige, Dich auf Gefühle einzulassen, aus Angst, verletzt zu werden. Du bist ein machthungriger, herrschsüchtiger, selbstsüchtiger Egoist. Bei Dir dreht sich alles immer nur um Dich, nur Dir selbst gegenüber bist Du nachsichtig, obwohl Du dazu wahrhaftig keinen Grund hast, denn Deine menschlichen Qualitäten lassen sehr zu wünschen übrig.
Vielleicht bildest Du dir ein, daß ich an gebrochenem Herzen sterbe, weil Du es Dir anders überlegt hast, aber da bist Du gewaltig auf dem Holzweg. Ich kann mich glücklich schätzen, daß Du meinen masochistischen Anwandlungen ein Ende gemacht hast. Ich hoffe, daß Du Dich durch Deine Nachgiebigkeit gegen Dich selbst aus jeder nur möglichen Beziehung hinauskatapultierst. Du ahnst nicht, was Dir entgangen ist, mein Lieber, und nun fahr zur Hölle!

Liebe X,
Du bist ein hinterhältiges, durch und durch falsches Luder! Nicht zu glauben, wie Du mich die ganze Zeit hinters Licht geführt hast. Du hast doch ständig von »Integrität« gesprochen. Was Du unter Integrität verstehst, hat in einem Stecknadelkopf Platz. Du hast mich belogen und selbst die Lügen noch verdreht. Mit Deinen ewigen Lügen hast Du

mich wahnsinnig gemacht und mir auch noch das Gefühl gegeben, als sei ich an allem schuld.
Deswegen bist Du mir so zuwider, daß ich Dich nicht mehr sehen kann. Hoffentlich lernst Du jemanden kennen, zu dem Du Vertrauen faßt, und der belügt Dich dann genauso, wie Du mich belogen hast. Damit Du auch mal siehst, wie schön das ist. Ich hoffe, das bringt Dich um den Verstand!

So, und nun schreiben Sie Ihren Schmähbrief.

D. *Das Gefühl, versagt zu haben*

Der nächste Schritt besteht darin, über das Gefühl zu schreiben, hoffnungslos versagt zu haben. Es gibt zwei Arten von Versagensängsten, die man nicht durcheinanderbringen sollte. Zunächst einmal die selbstzerstörerischen, von Selbsthaß geprägten Ängste. »Ich tauge eben nichts«, »Ich bin an allem schuld«, »Ich habe alles vermasselt«. Es gibt jedoch auch noch eine Reihe anderer Emotionen, die mit dem eigenen wirklichen, ganz spezifischen Versagen in der Beziehung zusammenhängen.
Zunächst einmal sollten Sie Ihren Selbstgeißelungsgelüsten nachgeben, wenn Ihnen dadurch leichter ums Herz wird.
»Ich tauge *wirklich* nichts.«
»Ich hätte mir mehr Mühe geben sollen.«
»Es ist alles *meine* Schuld. *Ihm* habe ich nichts vorzuwerfen, es hat *nur* an mir gelegen.«
Legen Sie sich dann wirklich Rechenschaft über Ihr Versagen im Hinblick auf die Beziehung ab. Bei jedem zwischenmenschlichen Kontakt, der länger als zehn Minuten dauert, läßt man sich unpassende, rücksichtslose, hinterhältige, widerwärtige, selbstsüchtige oder einfach nur üble

Dinge zuschulden kommen. Wenn eine Beziehung in die Brüche geht, können die Wunden nur verheilen, wenn man sich eingesteht, daß man nicht vollkommen war. Sonst schleppt man sein Leben lang Schuldgefühle mit sich herum. Jeder hat sich hin und wieder einmal schäbig verhalten, aber das ist menschlich. Niemand ist vollkommen. Vielleicht hat man den Menschen, den man einmal geliebt hat, verletzt, betrogen oder auch nur ignoriert. Wo man wirklich versagt hat, muß man sich das auch eingestehen. Das ist überaus wichtig. Man sollte sich dazu bekennen und gar nicht erst eine Abwehrhaltung einnehmen. Sonst dauert es ewig, bis man wirklich über die Trennung hinweggekommen ist. Schreiben Sie genauestes auf, was Sie sich haben zuschulden kommen lassen, und bleiben Sie dabei nicht unbeteiligt. Hier ein paar Beispiele:

»Ich konnte nicht mit Geld umgehen. Mit den Kreditkarten fühlte ich mich reich. Ich habe Schulden gemacht, das Konto überzogen.«

»Ich habe nicht oft genug versucht, mich mit ihm zu unterhalten. Die Angst hat mir die Kehle zugeschnürt. An meiner Seite muß er sich sehr einsam gefühlt haben.«

»Was war ich doch für ein Trottel mit meinen Holzhackermethoden! Sie herumzukommandieren, anstatt ihr zuzuhören. Kein Wunder, daß sie sich alleingelassen fühlte.«

»Ich war furchtbar schlampig. Was für eine Zumutung, in so einem Chaos leben zu müssen.«

»Ich war ein geradezu fanatischer Perfektionist. Es muß ihn wahnsinnig gemacht haben, mit jemandem zusammenzuleben, dem jedes Stäubchen ein Dorn im Auge war.«

»Ich habe entschieden zuviel getrunken. Ich bin tatsächlich Alkoholiker. Eines Abends bin ich sogar mit dem Wagen gegen einen Baum gefahren. Was für eine Schande!«

Notieren Sie nun, wo Sie in der Beziehung versagt haben.

Führen Sie die wirklichen Fehler und Vergehen auf, hüten Sie sich allerdings vor Übertreibungen.

E. *Der Brief, in dem man alles zugibt*

Die abgedroschene Phrase, daß ein Geständnis eine wahre Wohltat für die Seele ist, ist deshalb so abgedroschen, weil sie ein Körnchen Wahrheit enthält. Wenn wir nach der Trennung ein reines Gewissen haben wollen, und zwar ganz bewußt, müssen wir uns nicht nur selbst eingestehen, wo wir versagt haben, wir müssen das auch dem Partner gegenüber zugeben, der es auszubaden hatte.

Schreiben Sie Ihrem Liebsten, Partner, Gatten, Ihrer Frau oder Ihrem Lebensgefährten also einen Entschuldigungsbrief, und entschuldigen Sie sich für all Ihre kleineren oder größeren Vergehen. Seien Sie in diesem Brief ganz ehrlich, beschönigen Sie nichts. Fassen Sie genauestes in Worte, was schiefgelaufen ist, und lassen Sie keinen Zweifel daran aufkommen, wie leid es Ihnen tut. So ein Brief ist sehr nützlich, denn Sie reinigen damit sozusagen Ihr Bewußtsein. Es ist eine Art Befreiungsakt, und Sie brauchen diesen Brief ja Ihrem Partner nicht zu zeigen.

Lieber X,

ich möchte Dir sagen, wie leid es mir tut, daß ich Dich betrogen habe, während ich noch mit Dir zusammen war, und Dich dann auch noch zu belügen. Ich weiß, was ich Dir damit angetan habe, und ich bedaure sehr, Deinen Vorstellungen und Ehrbegriffen so zuwidergehandelt zu haben.

Ich kann mir denken, wie weh es Dir getan haben muß, daß Deine Liebste Schluß gemacht hat, indem sie sich mit einem anderen einließ. Es tut mir so leid, daß ich diesen indi-

rekten, hinterlistigen Weg beschritten habe, um Dir zu verstehen zu geben, daß ich mit Dir nicht mehr glücklich war und mich von Dir trennen wollte.
Ich hoffe, Du verzeihst mir, daß ich Dir einen solchen Schmerz zugefügt habe. Hoffentlich erholst Du Dich bald davon.

Liebe X,
Verzeih mir bitte, daß ich so ein rücksichtsloser Schafskopf gewesen war, daß ich mich immer geweigert habe, das Geschirr zu spülen, und Dich eine dumme Nuß genannt habe. Es tut mir ehrlich leid, daß ich Dich immer nur kritisiert und runtergeputzt habe, anstatt Dir zu helfen und Dich zu ermutigen. Ich konnte mich selbst nicht leiden und dachte, es würde mir helfen, auf Dir herumzuhacken. Das war jedoch ein Irrtum, das hätte ich keinesfalls tun dürfen. Ich hoffe, Du verzeihst mir.

Lieber X,
es tut mir leid, daß ich mich selbst nicht kannte. So ist es leider dazu gekommen, daß ich Dich an der Nase herumgeführt habe. Ich war davon überzeugt, daß ich mit Dir zusammenleben wollte, während mir in Wahrheit der Sinn gar nicht nach so einer festen Beziehung stand.
Ich wußte selbst nicht, was ich wollte – aber das ist keine Entschuldigung. Du hattest unter meinem Wankelmut zu leiden, und das bedaure ich. Dafür möchte ich mich bei Dir entschuldigen.

Wenn Sie Ihren Brief beendet haben, fragen Sie sich noch einmal, ob Sie auch wirklich auf alles eingegangen sind, was Sie falsch gemacht haben. Haben Sie nichts unterschlagen? Haben Sie Ihren Partner auch gebeten, Ihnen zu verzei-

hen? Sind Sie zu Kreuze gekrochen? Haben Sie auch wirklich alles vorgebracht, was Ihnen tief im Innern sehr zu schaffen macht? Das müssen Sie schon tun, denn dieser Brief soll ja befreiend wirken, und das ist nicht der Fall, wenn er nicht vollständig ist. *Sie müssen in diesem Brief alles zum Ausdruck bringen, was Sie sich vorzuwerfen haben.* Wichtig ist dabei, daß Sie sich Ihr Versagen auch auf der tiefsten Bewußtseinsebene eingestehen und daß Sie sich auch dem Menschen gegenüber dazu bekennen, den Sie damit zutiefst getroffen haben. Liegt das hinter Ihnen, sind Sie einen Schritt weiter.
Schreiben Sie also diesen Brief, in dem Sie alles zugeben.

F. *Versichern Sie sich schriftlich, daß Sie sich vergeben*
Noch ein letzter Teil gehört zur 3. Übung, und zwar sollen Sie selbst schreiben, daß Sie sich verzeihen. Sie waren also ein widerwärtiger, nachlässiger, herrschsüchtiger, verlogenener, betrügerischer, verschlagener, ekelhafter Mistkerl, der ständig in irgendwelche üblen Machenschaften verwikkelt war? Na und? Sie sind auch nur ein Mensch, und Menschen haben nun einmal Fehler. Deshalb können Sie sich ruhig verzeihen.

Liebes Ich,
ich weiß ja, daß ich Trottel während meines Zusammenlebens mit X öfter mal ausgerastet bin. Mir jagt so vieles Angst ein, daß ich mich nur dagegen wappnen kann, indem ich einen Wutanfall bekomme. Es tut mir leid, ihr das angetan zu haben. Ich habe zwar schon viel daraus gelernt, will aber weiter zur Therapie gehen, bis ich mich beherrschen kann. Mein damaliges Verhalten finde ich verzeihlich. Ich konnte eben nicht anders.

Liebes Ich,
natürlich war es die reinste Hinhaltetaktik, daß ich mir nicht in die Karten sehen lassen und nicht zu erkennen geben wollte, ob ich nun bereit war, eine echte Beziehung einzugehen oder nicht. Ich war wirklich eine Plage. Das tut mir natürlich leid, aber ich finde es verzeihlich. Damals wußte ich eben noch nicht, ob ich überhaupt eine Beziehung eingehen und insbesondere, ob ich mich mit ihm einlassen wollte. Damit habe ich natürlich große Verwirrung gestiftet. Das tut mir zwar leid, aber es ging nicht anders.

Liebes Ich,
ich weiß, daß ich ein schweigsamer, wenig mitteilsamer Partner war. Anstatt mit ihr zu reden und auf sie einzugehen, habe ich sie gestraft und ihr die Schuld an allem in die Schuhe geschoben. Das tut mir natürlich leid. Aber alles, was ich mir in der Beziehung habe zuschulden kommen lassen, hat zu einem besseren Selbstverständnis beigetragen, ich habe also viel daraus gelernt. Es war schlimm für mich, sie zu verlieren, aber ich habe meine Lektion gelernt. X hat nichts davon gehabt, aber ich verzeihe mir mein damaliges Verhalten, denn da war ich ja noch nicht der Mensch, der ich heute bin.

Liebes Ich,
ich weiß, daß ich während meiner Zeit mit X eine haltlose Säuferin war. Er hat mir das ganz zu Recht immer wieder vorgehalten. Ich habe versucht, meine starken Schmerzen durch das Trinken zu betäuben. Natürlich hat das nicht geholfen. Aber das sehe ich erst ein, seit ich nicht mehr trinke. Mein Verhalten während unserer Beziehung finde ich jedoch verzeihlich.

Schreiben Sie jetzt den an sich selbst gerichteten Brief, in dem Sie sich verzeihen.

4. Übung: Annehmen der Geschenke: Die Beziehung hat Ihnen etwas eingebracht

Nach jeder Beziehung bleibt eine Hinterlassenschaft zurück, die man anerkennen muß. Sie setzt sich aus den Geschenken zusammen, die man sich gegenseitig gemacht hat. Dazu gehört auch alles, woran man profitiert und was man daraus gelernt hat. Hat man eine Wandlung durchgemacht, so ist auch das auf die Beziehung zurückzuführen und somit dem Partner zu verdanken. Während wir entsetzlich darunter leiden, daß die Beziehung auseinandergegangen ist, sind wir nicht unbedingt versessen darauf, uns auch noch Gedanken darüber zu machen, ob wir nicht auch von der Beziehung profitiert haben und inwiefern sie für uns von Nutzen war, doch seltsamerweise ist es genau zu diesem Zeitpunkt wichtig, dem Partner dafür zu danken. Vielleicht haben Sie ja den Eindruck, daß Sie immer nur gegeben und nichts bekommen haben, doch wenn Sie einmal gründlich darüber nachdenken, werden Sie zu der Einsicht gelangen, daß die Beziehung Ihnen selbstverständlich auch etwas gebracht hat. Sie hat Ihnen zumindest einen Lebensgefährten eingebracht. Darüber sollten Sie sich wirklich einmal Gedanken machen. Auch wenn Sie zur Zeit völlig am Boden zerstört sind, müssen Sie sich sagen, daß Sie viel Positives erleben durften, denn jede Beziehung erweitert den Horizont und bereichert einen. Tief im Innern macht man eine Wandlung durch. Wenn man sich das nicht vor

Augen hält, trägt man einen Groll mit sich herum, anstatt sich unvorbelastet dem zu stellen, was einem das Leben noch zu bieten hat.
Schreiben Sie Ihrem Liebsten oder ehemaligen Partner also einen Dankesbrief. Inwiefern haben Sie von der Beziehung profitiert, was hat sie Ihnen eingebracht?

Liebe X,
ich danke Dir für alles. Bevor ich Dich kannte, war ich furchtbar unglücklich, und alles erschien mir hoffnungslos. Während der mit Dir verbrachten Zeit sagte ich mir dann, daß das Leben eigentlich gar nicht so übel ist. Zeitweilig war ich sogar glücklich. Das klingt auch jetzt noch in mir nach, obwohl Du mich verlassen hast. Du hast mir die schönen Seiten des Lebens offenbart und mir damit ein Geschenk von unschätzbarem Wert gemacht. Jetzt sehe ich die Welt mit anderen Augen, und dafür werde ich Dir ewig dankbar sein.

Lieber X,
Dir verdanke ich mein Selbstbewußtsein. Nie hätte ich gedacht, daß je etwas aus mir werden könnte. Ich habe mich mit allem schon immer schwergetan und bin mein Leben lang ein Spätzünder gewesen. Kein Mensch außer dir hat mir je Mut gemacht, doch Du hast am mich geglaubt. Da ich gewisse Erfolge zu verzeichnen hatte, während ich mit Dir zusammen war, habe ich allmählich angefangen, an mich selbst zu glauben. Du fehlst mir ganz entsetzlich, doch niemand kann mir nehmen, was Du mir zum Geschenk gemacht hast. Dir habe ich es zu verdanken, daß ich meinen Weg jetzt doch noch machen werde.

Liebe X,
Dir verdanke ich unsere beiden prächtigen Kinder. Ohne Dich und unsere Partnerschaft gäbe es sie nicht. Wenn wir auch inzwischen getrennte Wege gegangen sind, werden unsere beiden gut geratenen Kinder doch immer ein Teil von uns sein. Sie sind unsere Geschöpfe und werden mich immer an unsere gemeinsamen Jahre erinnern. Ich danke Dir dafür, daß Du mir Kinder geschenkt hast, an denen ich meine helle Freude habe. Ich fürchte, ohne sie würde ich mich im Alter furchtbar einsam fühlen. Es war ein unglaubliches Glücksgefühl, sie aufwachsen zu sehen.

Lieber X,
danke, daß Du mich bestärkt hast, als ich studieren wollte. Du hast mir nicht nur Mut gemacht, sondern mein Studium auch finanziert. Ohne Dich hätte ich das Studium sicher an den Nagel gehängt. Nur durch Deinen Beistand habe ich mein Studium abgeschlossen. Dafür bin ich Dir unendlich dankbar.

Lieber X,
Du hast mir klargemacht, wie wichtig es ist, gesund zu leben und auf seine Figur zu achten. Du bist mit gutem Beispiel vorangegangen, das hat mich sehr beeindruckt. Jetzt treibe ich Sport und achte darauf, daß ich genügend Vitamine zu mir nehme. Ich fahre gern Fahrrad, wandere liebend gern und gehe auch Skilaufen. All das verdanke ich nur Dir, und ich werde es Dir nie vergessen.

Schreiben Sie jetzt Ihren Dankesbrief.

5. Übung: Das Leben neu definieren

Jetzt ist es überstanden. Sie haben die gesamte Gefühlsskala hinter sich gelassen – die Tränen, den Kummer, das Wüten, die Selbstvorwürfe und Anschuldigungen, die Vergebung. Die Gefühle zu durchleben heißt, sich Schritt für Schritt vom Partner zu lösen und sich mit dem Gedanken auszusöhnen, daß die Beziehung nicht von Dauer war. Der emotionale Heilungsprozeß kann sich über eine längere Zeit hinziehen.

Nun geht es um die Zukunft. Wie wollen Sie in Zukunft dafür sorgen, daß Sie Ihre Gefühle unter Kontrolle haben? Wie wollen Sie vor allem damit zurechtkommen, daß der Mensch, mit dem Sie einmal so eng verbunden waren, nicht vom Erdboden verschwindet? Es kann durchaus sein, daß Sie Ihrem ehemaligen Partner im Supermarkt begegnen oder daß er in Ihrem Lieblingsrestaurant am Nebentisch sitzt, womöglich auch noch *in Begleitung* – was Gott verhüten möge. Wie wollen Sie das verkraften?

Wir neigen dazu, unsere früheren Ehepartner oder Liebsten negativ zu sehen: »Dieser Schuft«, »Diese elende Schlampe« oder auch »Mein Ex-Mann« bzw. »Meine Ex-Frau«. Solange wir unsere einstigen Partner aber in so einem negativen Licht sehen, steht die Verbitterung unserer Weiterentwicklung im Weg. Außerdem deutet eine solche Betitelung darauf hin, daß die Verbindung noch nicht abgerissen ist. Die Bezeichnung »Mein Ex-Mann« bzw. »Meine Ex-Frau« beweist, daß wir immer noch einen Fuß in der Tür haben. Damit geben wir zu, daß uns die Vergangenheit noch immer mehr bedeutet als die Gegenwart oder als die Zukunft. Wir müssen den Partner, von dem wir uns getrennt haben, neu definieren und in eine ganz anders gear-

tete Beziehung zu ihm treten, um weiterzukommen und unser eigenes Leben zu führen.
Wenn eine Beziehung in die Brüche geht, fürchten wir, den Menschen, den wir einmal geliebt haben, ganz aus den Augen zu verlieren. Doch obwohl der einstige Partner nach der Trennung aus unserem Leben verschwindet, können wir nach wie vor etwas für ihn empfinden. Wenn wir ihm beziehungsweise ihr eine neue Identität verleihen, definieren wir die Beziehung neu. Ich will damit sagen, daß wir psychologisch gesehen erneut Verbindung mit dem Menschen aufnehmen können, den wir einmal geliebt haben, aber mir müssen ihn jetzt in einem anderen Licht sehen, er muß in Zukunft eine andere Rolle für uns spielen, ganz gleich, ob wir ihn je wieder zu Gesicht bekommen oder nicht. Das bedeutet lediglich, daß sich unsere Einstellung zu dem einstigen Partner ändert. Anstatt ihn als Ehepartner, Liebsten oder Liebhaber zu sehen, fühlen wir uns ihm jetzt auf ganz andere Art verbunden. Indem wir dem einstigen Partner eine neue Identität zuschreiben, definieren wir ihn neu.

A. *Die Beziehung neu definieren*
Verleihen Sie Ihrem früheren Partner eine neue Identität. Nennen Sie einen wesentlichen Aspekt Ihrer Verbindung zu dem Partner, der schon immer überaus wichtig war und kaum je an Bedeutung verlieren wird, obwohl Sie nicht mehr mit Ihrem früheren Partner zusammenleben und Sie keine Liebesbeziehung mehr verbindet.
So könnten Sie ihn bzw. sie zum Beispiel sehen: Als Vater, Mutter, Onkel, kleine oder große Schwester, kleinen oder großen Bruder, als Kollegen, Chef, Angestellten, Feind, Geschäftsfreund, als Menschen, der Ihnen in geistiger Hin-

sicht gewachsen war und der auf der gleichen Wellenlänge lag, dem Ihre Gesundheit am Herzen lag oder der die Finanzen regelte.

Eine Frau erzählte mir einmal: »Nachdem wieder Ruhe eingekehrt war, betrachtete ich ihn als kleinen Bruder. Er war immer so rührend lieb und nett zu mir, und ich habe mir schon immer einen jüngeren Bruder gewünscht. Wenn ich ihn neu definiere und ihn in dieser Rolle sehe, kann ich auch weiterhin zärtliche Gefühle für ihn hegen.«

»Ich betrachte ihn jetzt als meinen Feind«, sagte eine andere Frau. »Ich bin nicht etwa verbittert, aber er ist tatsächlich ein übler Mensch. Es war ein gravierender Fehler, sich mit ihm einzulassen.«

»Für mich ist sie jetzt eine Tochter. Ich habe sie sozusagen an die Hand genommen, habe sie beschützt und ihr den Weg gewiesen. Sobald sie erwachsen war, hat sie mich verlassen. Als Tochter ist sie ein wahrer Schatz, aber für eine Ehefrau war sie zu unreif.«

»Er ist mein Berater. Ich kann ihn nach wie vor anrufen, wenn ich mit meiner Steuererklärung nicht zurechtkomme. In dieser Hinsicht war er für mich sehr wichtig. Er hat mir geholfen, mit meinen Finanzen klarzukommen. Ich weiß, daß ich in dieser Hinsicht immer auf ihn zählen kann, und das beruhigt mich sehr.«

»In meinen Augen ist sie ein Pin-up-Girl. Sie war sozusagen mein Marilyn-Monroe-Kalender. Das ist sie immer noch, obwohl ich inzwischen darüber hinweggekommen bin. Im Büro habe ich immer noch ein Photo von ihr stehen. Diese schöne Frau soll mich inspirieren. Daran wird sich nie etwas ändern, egal, wen ich auch kennenlernen sollte. Sie ist wie ein Pin-up-Girl, das ein Mann vor seiner Frau versteckt.«

Definieren Sie jetzt Ihren früheren Partner neu.

B. *Die Grenzen neu abstecken*

Nachdem Sie dieses Buch gelesen und die Übungen gemacht haben, müßten Sie sich eigentlich sagen, daß einen jede Beziehung in der persönlichen Entwicklung einen Schritt oder auch mehrere Schritte weiterbringt.

Welche Entwicklungsstufe streben Sie jetzt an? Wo liegt bei Ihnen psychologisch die Grenze der Weiterentwicklung? Welche Eigenschaften sind Ihnen bei dem Partner ganz besonders wichtig, mit dem Sie die nächste Beziehung eingehen?

Eine Frau, die ihr Jurastudium gerade abgeschlossen hatte, sagte zum Beispiel: »Von der ewigen Paukerei und der Selbstdisziplin habe ich jetzt erst einmal genug. Jetzt, wo meinem beruflichen Aufstieg nichts mehr im Wege steht, möchte ich mich als Frau kennenlernen und bewähren. Ich möchte Tagebuch führen, mehr Romane lesen, der emotionalen Seite in mir mehr Platz einräumen, mich öfter schick anziehen und mich verwöhnen. Zu mir paßt nur ein Akademiker, der sich damit abfindet, daß ich berufstätig bin und der mich auch als Frau mit Emotionen richtig zu behandeln weiß.«

Ein Mann, dessen jüngstes Kind gerade mit dem College fertig geworden war, erklärte: »Jetzt wird es langsam Zeit, mal etwas für mich selbst zu tun. Nun brauche ich nicht mehr so schwer zu arbeiten, will das Leben endlich einmal genießen, mich besser pflegen und gesünder leben. Die Frau, die sich mit mir einläßt, muß meine sportlichen Ambitionen mit mir teilen.«

Eine Frau, die dreiundzwanzig Jahre verheiratet gewesen war, schrieb mir: »Ich muß endlich selbständig werden. Oder anders ausgedrückt: erwachsen werden und auf eigenen Füßen stehen.« Vielleicht wissen Sie nicht, welche Entwicklungsaufgabe Ihrer harrt. Eins steht jedoch fest: Nach dem Ende der Beziehung wartet eine neue Aufgabe auf Sie. Wenn Sie sich damit schwer tun, diese zu analysieren, brauchen Sie nur darauf zu achten, was Ihren besten Freunden in letzter Zeit an Ihnen aufgefallen ist und was Ihnen immer wieder durch den Kopf geht. Wenn Sie trotzdem nicht erkennen, worauf Sie zusteuern, sollten Sie einen Psychotherapeuten konsultieren.

Schreiben Sie nun über Ihre nächste Entwicklungsstufe, die Aufgabe, die Ihnen bevorsteht, und vermerken Sie, was Ihr nächster Lebensgefährte für ein Mensch sein muß, damit er Ihren Bedürfnissen gerecht wird.

Wenn Sie alle diese Übungen gründlich gemacht haben, müßten Sie eigentlich feststellen, daß Sie das Ende der Beziehung und die Trennung von Ihrem Partner nicht mehr schmerzt. Sie müßten auch begriffen haben, wie die Beziehung gedacht war und welche Bedeutung sie für Sie und Ihren Partner hatte. Außerdem müßten Sie sich und Ihrem Partner verziehen haben und reich beschenkt worden sein. Sie sollten sich sagen, daß eine Beziehung einen in die Zukunft katapultiert. Das ist der Lauf der Dinge, und wenn Ihnen die Zukunft bisher als furchterregendes Neuland erschienen ist, sollten Sie ihr jetzt gezielt, zuversichtlich, optimistisch und voller Vorfreude entgegensehen.

9. Kapitel

Kann man nach einer solchen Liebe wieder lieben?

Eine Beziehung – das Zusammenleben in einer allumfassenden Partnerschaft – hat verschiedene Funktionen. Der Partner liegt gefühlsmäßig auf der gleichen Wellenlänge, man hat Gesellschaft, bildet eine Gemeinschaft, die Kinder wachsen in der ihnen gemäßen häuslichen Atmosphäre auf, die wirtschaftlichen Voraussetzungen stimmen, und, wie wir inzwischen festgestellt haben, die Partner werden in einer Beziehung den unterschiedlichsten Entwicklungsaufgaben gerecht. Wenn wir eine Beziehung eingehen, verlieben wir uns daher nicht nur, sondern wir entscheiden uns unbewußt genau für den Menschen und die Beziehung, die uns dabei helfen, die gerade anstehende Entwicklungsstufe zu erreichen.

Wenn eine Beziehung endet, ist es überaus wichtig, sich Rechenschaft darüber abzulegen, denn man lernt daraus viel über sich selbst und über die Entwicklungsstufe, die es zu erreichen galt. Nehmen Sie sich die Zeit, Ihre vorige Beziehung auszuwerten, dann wissen Sie auch, welche Entwicklungsstufe Sie höchstwahrscheinlich anstreben müssen und können Ihre nächste Beziehung viel bewußter eingehen, weil Sie sich inzwischen viel besser kennen. Sie können sich einen Partner aussuchen, der besser zu Ihnen paßt, und zwar sowohl im Gefühlsbereich als auch im Hinblick auf Ihre Wertvorstellungen und Ziele. Ihr Partner sollte Ihrer weiteren Menschwerdung, Ihrer Vervollkommnung nicht im Wege stehen.

Ist eine Beziehung gescheitert, wollen die Betroffenen immer wissen: »Bedeutet das, daß ich mich nie wieder verlieben kann? Geht das ewig so weiter, daß man an seiner Weiterentwicklung arbeiten muß?« Wenn man sich weiterhin auf Beziehungen einläßt, gerät man irgendwann unweigerlich an einen Partner, mit dem man bis an sein Lebensende zusammenbleibt. Es kann natürlich sein, daß erst der fünfzigste der richtige ist.
Irgendwann gelangt jeder an den Punkt, an dem er sein Entwicklungspensum im wesentlichen abgeschlossen hat und – von den Feinheiten abgesehen – ganz gut weiß, wer er eigentlich ist. Es ist der Zeitpunkt, an dem der Mensch unter den vielen Möglichkeiten, die sich ihm bieten, seine Wahl getroffen hat und weiß, wie er sich sein Leben einrichten möchte. Im allgemeinen gibt es für jeden Menschen einen »pannensicheren« Zeitpunkt, an dem die Selbstfindung so gut wie abgeschlossen ist. Hat man sämtliche Identitäten unter einen Hut gebracht, ist man bereit, sein Leben darauf abzustimmen. Dann ist man auch in der Lage, eine Beziehung fürs Leben einzugehen.
Um aber im Hinblick auf die Entwicklung richtig auf die Liebe vorbereitet zu sein, muß man noch allerhand über das Lieben selbst in Erfahrung bringen. Die Trennung vom Partner hat einen vermutlich völlig unvorbereitet getroffen, und leider erklärt einem niemand, was sich im Haus der Liebe abspielt. Wir sind unwissend und naiv, was die Liebe angeht. Wir haben keine Ahnung, wie wir uns in einer Liebesbeziehung zu verhalten haben, damit sie von Dauer ist. Man läßt sich zum Maschinisten oder Meeresbiologen ausbilden, doch im Hinblick auf die Liebesbeziehungen ist man hoffnungslos unwissend.
Eine dauerhafte Beziehung basiert auf der Liebe und der positiven Einstellung zum Partner. Man muß sich der Tatsa-

che bewußt sein, daß beide Partner Eigenschaften haben, die für den anderen sehr wichtig sind und an denen er seine Freude hat. »Er weiß immer genau, was er sagen muß, um mich meiner trüben Stimmung zu entreißen.« »Sie ist so schön, daß ich meine helle Freude an ihr habe, wenn ich sie nur ansehe.«

Die Liebe stützt sich auf Gemeinsamkeiten. Die Interessengemeinschaft, gemeinsame Zielsetzungen und geistige Gemeinsamkeiten gewinnen irgendwann die Oberhand und sorgen zusammen mit der beiderseitigen Anziehungskraft, dem Wohlgefallen am anderen und seiner Bejahung für die Stabilität der Beziehung. Bei diesen Gemeinsamkeiten oder gemeinsamen Interessen kann man sich jederzeit sagen: »Ja, heute gehen wir segeln, denn das Wetter ist ideal dafür«, weil Sie beide so gern segeln. Oder man sagt sich: »Ja, wir gehen ins Kunstmuseum«, weil große Kunstwerke ein erhebender Anblick sind und man die Liebe zur Kunst mit seinem Partner teilt.

»Im Bett verstehen wir uns phantastisch. Wir können nicht voneinander lassen. Was auch schiefläuft – im Bett finden wir immer wieder zusammen.«

»Wir gehen beide furchtbar gern spazieren und sind große Naturfreunde. Im Freien fühlen wir uns so richtig in unserem Element. Wir sind in jeder freien Minute draußen und langweilen uns nie.«

»Wir reisen gern und sind schon viel zusammen gereist.«

»Es ist der Glaube an Gott, der uns verbindet.«

»Unsere Kinder verbinden uns, diese drei prächtigen Kinder, die uns immer wieder faszinieren und an denen wir unsere Freude haben.«

»Der Kummer verbindet uns. Durch den Tod unseres Kindes haben wir gemeinsam sehr viel durchgemacht. Dadurch fühlen wir uns einander tief verbunden.«

»Das Tanzen verbindet uns. Wir tanzen beide leidenschaftlich gern. An jedem freien Abend gehen wir tanzen.«

»Der gemeinsame Kampf verbindet uns. Wir waren beide Alkoholiker. Durch das Überwinden einer schrecklichen Sucht haben wir Respekt voreinander bekommen. Für einen Menschen, der nicht so einen alptraumhaften Kampf hinter sich hat, könnte ich wohl kaum so viel empfinden.«

»Ich weiß, daß das verrückt klingt, aber uns verbindet die leidenschaftliche Liebe zu Blumen. Selbst wenn wir uns am liebsten an die Kehle springen würden, brauchen wir unterwegs nur etwas blühen zu sehen, da sind wir gleich wieder besser aufeinander zu sprechen.«

»Uns verbinden geistige Gemeinsamkeiten. Ich unterhalte mich unglaublich gern mit ihr. Was in ihr vorgeht, fasziniert mich stets aufs neue. Ihre Denkweise beeindruckt mich. Ständig lerne ich von ihr.«

Wer ein begeisterter Sportler ist, wird sich wohl kaum mit jemandem zusammentun, der als bebrillter Intellektueller regelrecht Angst vor frischer Luft hat, denn ein solches Paar hätte nicht unbedingt sehr viel gemeinsam. Eine Frau, die sich nach Kindern sehnt, geht sicher keine Verbindung mit einem Mann ein, der eine Vasektomie hinter sich hat. Eine Frau, die jahrelang unter großen Opfern darauf hingearbeitet hat und sich jetzt sagt, daß ihr nichts so wichtig ist wie ihr Beruf, möchte sicher nicht mit einem Mann liiert sein, der von einem Hausmütterchen träumt. Und ein Mann, der seine Gefühle zeigen kann und auch mal weint, wird nicht ausgerechnet einer Frau verfallen, die so hysterisch ist, daß sie ihn davon abhält, seinen Gefühlen Ausdruck zu verleihen.

Doch auch wenn man den Partner findet, der zu einem paßt, ist es gar nicht so einfach, die Liebe aufrechtzuerhalten, denn die Liebe ist nicht vollkommen. Man muß sie sich immer wieder neu erarbeiten, und das ist keine leichte Aufgabe.

Auch die wahre Liebe, die alle Krisen überdauert, ist nicht vollkommen, denn der Mann bzw. die Frau Ihrer Träume ist nicht fehlerlos. Wahre Liebe ignoriert die Unzulänglichkeiten nicht, sondern integriert sie und findet sich damit ab. Sie akzeptiert den Partner samt seinen Fehlern, weil die guten Seiten bei weitem überwiegen. Liebe heißt, daß man den Partner so liebt, wie er ist. Die Beziehung, die gerade hinter Ihnen liegt, ist nicht auseinandergegangen, weil sie nicht vollkommen war, sondern weil Sie Ihr Entwicklungspensum abgeschlossen hatten und weil es gravierende, unüberbrückbare Unvereinbarkeiten gab. Ihr Partner hat nicht zu Ihnen gepaßt. Die Unvereinbarkeiten haben nicht nur 25 Prozent ausgemacht, sondern 50, 60 oder 80 Prozent. In einer lebensfähigen Beziehung passen die Partner besser zusammen, dort überwiegen die Gemeinsamkeiten im Vergleich zu dem, was sie trennt.

Es gilt daran zu arbeiten, daß die Liebe von Bestand ist. Gescheiterte Beziehungen bezeugen oft, daß wir dazu nicht fähig waren. Auch Pflanzen gehen ein, wenn man sie nicht gießt. Die Liebe verkümmert, wenn man sie nicht hegt und pflegt. Unsere in die Brüche gegangenen Beziehungen erinnern uns daran, daß wir nicht genug Mühe investiert haben, daß wir es zugelassen haben, daß die Ressentiments die Oberhand gewinnen, daß es von einem bestimmten Zeitpunkt an keine Verständigungsmöglichkeit mehr gab und daß so manchem Bedürfnis nicht mehr Rechnung getragen wurde. Erst rückblickend erkennen wir, welcher Unterlassungssünden wir uns schuldig gemacht haben. Die nächste Beziehung, die wir eingehen, sollte eine Herausforderung sein. Wir müssen unser Verhalten gründlich ändern, damit sie von Dauer ist.

Ich möchte damit zum Ausdruck bringen, daß die Liebe durchaus nicht alles besiegt. Die wahre Liebe, die alles erträgt und zu einer dauerhaften Beziehung führt, ist weit mehr als ein oberflächliches Konglomerat des Wohlbefindens. Man bejaht und akzeptiert den Partner und teilt alles Wichtige mit ihm. Wenn wir lieben, so lieben wir denjenigen, der das Beste und Grundlegendste unseres Wesens aus uns herausholt und zum Vorschein bringt.

Man kann einen Menschen nur lieben und glücklich mit ihm sein, wenn sein Aussehen, sein Wesen, seine Gewohnheiten, seine Vorlieben, Wertvorstellungen und Prioritäten sich weitgehend mit den eigenen decken, so daß man ganz man selbst sein kann. Der Partner sollte einen zum Erblühen bringen, und man sollte an ihm wachsen können. Die Beziehung zu einem solchen Partner kann bis ans Lebensende dauern.

Schlußteil,
in dem es um Symptome geht

Wenn die Liebe erstirbt: Anzeichen und Symptome, die der Anfang vom Ende sind

Dieser Schlußteil betrifft Sie, wenn sich Ihre Beziehung nur noch mühselig dahinschleppt und Sie so unglücklich sind, daß Sie sich fragen, ob sich das Ende schon abzuzeichnen beginnt und ob es für Ihren Partner und Sie nicht am besten wäre, wenn jeder seiner Wege ginge. Tief im Innern wissen die Menschen immer, wann eine Beziehung zum Scheitern verurteilt ist. Auf irgendeiner Ebene wissen wir genau, was sich in unserem Leben abspielt, doch oft wollen wir das nicht wahrhaben und ziehen es vor, uns blind und taub zu stellen. Die Lösung aus einer Beziehung ist eine so schmerzliche Erfahrung, daß wir lieber die Augen davor verschließen. Es erscheint uns leichter, den Kopf in den Sand zu stecken und nicht so bald wieder herauszuziehen, die Probleme weitgehend zu ignorieren, die ganz eindeutig darauf hinweisen, daß es so nicht weitergehen kann. Uns ist es in erster Linie darum zu tun, dem Leiden aus dem Weg zu gehen, das uns unweigerlich erwartet.

Um die Beziehung aufrechtzuerhalten, schrecken wir nicht einmal davor zurück, höchst unangenehme, schmerzliche oder nahezu unerträgliche Dinge über uns ergehen zu lassen. Wir sind uns nicht sicher, ob wir sie ertragen müssen, weil sie dazugehören, oder ob sie symptomatisch für eine Beziehung sind, die man besser beenden sollte.

Liebesbeziehungen sollten unser Leben eigentlich bereichern. Natürlich schließt das auch so manches Unangenehme ein, doch wenn die unangenehmen, negativen Erfahrungen überwiegen, sollte man sich fragen, ob die Beziehung noch eine Überlebenschance hat. Dieser Schlußteil soll Ihnen helfen, eindeutig festzustellen, ob das, was Sie im Hinblick auf Ihre Beziehung beobachten und fühlen bzw. nicht mehr beobachten können und nicht mehr fühlen, ein Hinweis darauf ist, daß die Beziehung auseinanderbricht – oder ob es sich nur um Anpassungsschwierigkeiten bzw. ›Wachstumsschmerzen‹ handelt. Ist Ihre Beziehung aber schon gescheitert, und haben Sie sich schon von Ihrem Partner getrennt, kann Ihnen dieser Schlußteil Klarheit darüber verschaffen, wie es dazu gekommen ist.

Streit

Ist die Beziehung nur mehr ein Schlagabtausch, und haben Sie das Gefühl, sich auf einem Schlachtfeld zu befinden, ist es schlecht um die Beziehung bestellt. »Wir streiten uns nur noch, ein normales Gespräch können wir schon lange nicht mehr führen.« Wenn es in Ihrer Beziehung so aussieht, haben Sie nichts mehr mit Ihrem Partner gemeinsam, Sie sind nur noch beide Leidtragende in einer unhaltbaren Konfliktsituation. Vielleicht gibt es noch kurze Kampfpausen, zum Beispiel bei gesellschaftlichen Anlässen, oder die Kampfhähne schlafen doch noch hin und wieder miteinander, machen vielleicht zusammen mit den Kindern Urlaub, doch meistens wird gestritten, und darüber hinaus hat man sich nichts mehr zu sagen. Anstatt sich aneinander zu freuen, geht man jedesmal wütend und enttäuscht aufeinander los und wirft sich gegenseitig an den

Kopf, inwiefern der andere versagt hat und immer noch versagt.

Ist eine Beziehung erst einmal an diesem Punkt angelangt, hat die Beziehung nichts Lebensbejahendes, Positives mehr zu bieten. Sie zerbröckelt unaufhaltsam, Degenerationserscheinungen machen sich bemerkbar.

Vielleicht verstehen sich die Kampfhähne auf verschiedenen anderen Ebenen trotz der Streitigkeiten noch immer leidlich gut. Als Beispiel möchte ich die Frau anführen, die erklärte: »Obwohl wir uns praktisch nur noch streiten, verstehen wir uns im Bett noch immer ganz phantastisch.« Eine solche Aussage kann man unterschiedlich auslegen. Sie kann ein Hinweis darauf sein, daß zwischenmenschliche Spannungen und Konflikte den Reiz der Sexualität zuweilen noch erhöhen. In erster Linie läßt diese Aussage jedoch den Schluß zu, daß man sich aus Angst vor der Trennung an alles klammert, was auch nur entfernt Anlaß zu der Hoffnung gibt, daß sich die Beziehung doch noch bereinigen und retten läßt.

In einer intakten Beziehung können Streitigkeiten etwas Positives sein. Kommt es jedoch ständig zu sinnlosen Wortgefechten, die zu rein gar nichts führen, läßt das nur den Schluß zu, daß die Beziehung in Auflösung begriffen ist.

Auch in gesunden Beziehungen kommt es hin und wieder zu Konfliktsituationen, doch gewinnt man dabei auch Einsichten oder Erkenntnisse, die etwas über den Partner aussagen, so daß sich beide danach einander näher fühlen. Aufgrund der gewonnenen Einsichten ist die Austragung von Konflikten für die Beziehung nur von Vorteil. Bei unproduktiven Streitigkeiten zeichnet sich jedoch das Ende der Beziehung ab, denn sie tragen nicht zur Klärung der Sachlage bei. Die Betroffenen haben hinterher lediglich den Eindruck, als hätten sie zum 2000sten Mal den glei-

chen Film gesehen. Der Streit wird nicht friedlich beigelegt, und hinterher fühlen sich die Partner einander keineswegs näher, sondern ganz im Gegenteil: Die Entfremdung nimmt immer beängstigendere Formen an, bis die Beteiligten endlich einsehen, daß es keinen Sinn mehr hat, die Beziehung aufrechtzuerhalten.
Oft wiegen sich die Partner erstaunlich lange in der Hoffnung, daß die ewigen Streitigkeiten über das immer gleiche Thema doch noch zu etwas führen. Wenn sich jedoch kein Hoffnungsschimmer abzeichnet und man sich immer nur im Kreise dreht, kämpft man gegen Windmühlenflügel, und die Beziehung ist nicht mehr zu retten.

Unvereinbarkeit der Charaktere

»Unvereinbarkeit der Charaktere« ist oft der Scheidungsgrund. Jedenfalls zeichnet sich bei einer Unvereinbarkeit der Charaktere deutlich ab, daß die Beziehung auf ein Fiasko zusteuert.
Von einer »Unvereinbarkeit der Charaktere« muß man sprechen, wenn einer der Partner feststellt, daß die früher so zahlreichen Gemeinsamkeiten auf ein Minimum zusammengeschrumpft sind und die Differenzen bei weitem überwiegen. Die Lebensauffassungen sind nicht mehr die gleichen, man hat sich schon zu weit voneinander entfernt, sich auseinandergelebt.
Man erkennt zum Beispiel, daß man ganz unterschiedlichen Aktivitäten nachgeht, daß man andere Freunde, andere Gewohnheiten und andere Wertvorstellungen hat als der Partner, daß man fast schon einem anderen Kulturkreis angehört. Übereinstimmung herrscht nur noch in einem

Punkt: Beide Partner erkennen, wie verschieden sie doch sind.

Die Unvereinbarkeit der Charaktere zeichnet sich auf strategisch wichtigen Gebieten besonders deutlich ab. So zum Beispiel, wenn es um die Frage geht, wieviel Zeit ein Partner in die Pflege der Beziehung investieren will. Manche Menschen sehen das Ideal in einer Wochenendbeziehung. Andere wiederum halten zwei Treffen während der Woche für ausreichend. Für viele Menschen hat eine Beziehung jedoch nur dann einen Sinn, wenn man sich tagtäglich eingehend miteinander unterhält, viel Zeit miteinander verbringt und seine Liebe ständig unter Beweis stellt.

Auch dadurch zeichnet sich ein möglicher Konflikt ab. Es stellt sich nämlich die Frage, inwieweit sich jeder binden möchte und inwieweit er bereit ist, sich auf die Beziehung einzulassen. Da jeder versucht, in der Beziehung seinen eigenen Bedürfnissen gerecht zu werden, kommt es oft zu einer auffallenden Diskrepanz, durch die divergierenden Vorstellungen bedingt. Sie sind geschlechtsspezifisch. Frauen neigen eher zur uneingeschränkten Hingabe, setzen sich zeitlich keine Grenzen und sind kompromißbereit, während diese Bereitschaft bei Männern nicht so ausgeprägt ist.

Frauen klagen oft darüber, daß ihre Männer nie zu Hause sind, daß sie sich nie etwas einfallen lassen und nicht liebevoll genug sind, daß sie weder auf das Golfspielen noch auf dienstliche Belange verzichten wollen. Sie gehen auch völlig ungeniert weiter mit ihren Freunden aus, während die Frauen für die Liebe zu jedem Opfer bereit sind. Die Männer hingegen beklagen sich darüber, daß sich die Frauen an sie klammern und nicht mehr imstande sind, ein Eigenleben zu führen, daß es ihnen nicht genügt, geliebt zu wer-

den, und daß sie außerhalb der Beziehung kaum noch das besitzen, was man eine eigene Identität nennt.
Daraus ergibt sich logischerweise – auch wieder geschlechtsspezifisch –, daß auch die Auffassungen im Hinblick auf das Zusammenleben divergieren. Die Frauen möchten für gewöhnlich mit den Männern zusammenleben, die sie lieben. Die Männer sehen das oft anders. Viele Beziehungen zerbrechen daran, daß die Männer nicht bereit sind, den Schritt vom gelegentlichen Zusammensein zum Zusammenleben oder vom Zusammenleben zur Heirat zu vollziehen.
Natürlich muß jeder Partner bis zu einem gewissen Grad kompromißbereit sein. Wenn sie sich jedoch nicht einig werden können, sich nicht irgendwo in der Mitte treffen bzw. eine gemeinsame Basis finden, hat die Beziehung kaum eine Überlebenschance. Alles hat hingegen seine Grenzen. Allzu große Kompromißbereitschaft geht auf Kosten der Integrität und der geistigen Gesundheit.
Um eine Unvereinbarkeit der Charaktere handelt es sich auch bei unterschiedlichen Lebensauffassungen oder Wertvorstellungen. Vielleicht stellt man fest, daß der Partner nur auf seinem eigenen Grund und Boden auf dem Lande leben kann, man selbst dagegen den Großstadttrubel liebt. Oder man hängt einem Glauben an, den der Partner niemals akzeptieren könnte. Wenn sich der Mann in New York zum Photographen ausbilden lassen möchte und der Frau der Gedanke, nach New York zu ziehen, unerträglich ist, so ist das ein Konflikt, für den es keine Lösung gibt.
Konfliktsituationen entstehen auch oft durch Geld. So fühlte sich ein Mann zum Beispiel der Situation nicht gewachsen, als seine Frau viel Geld erbte. »Ich kam mir plötzlich völlig überflüssig vor und glaubte, ich sei ihr nicht mehr

wichtig. Daß ich arbeitete und damit den Lebensunterhalt für uns verdiente, bedeutete nichts mehr. Ich fühlte mich so unnütz.« Auch durch radikale physische Veränderungen kann eine unüberbrückbare Kluft entstehen. »Als John vom Dach fiel, sich das Rückgrat brach und doppelseitig gelähmt war, hielt ich das nicht aus – so traurig das auch klingt. Ich konnte mich nicht damit abfinden und fühlte mich überfordert. Ich sah ihn immer noch so, wie er einmal gewesen war.«
Obwohl der Ausdruck »Unvereinbarkeit der Charaktere« eine höfliche Umschreibung für das ist, woran Beziehungen oft scheitern, landen viele Menschen tatsächlich in einer Sackgasse, in der sich die Differenzen nicht mehr ausbügeln oder überbrücken lassen, wo auch der gute Wille, endlose Gespräche oder Kompromisse nichts mehr helfen. Ist man erst einmal an diesem kritischen Punkt angelangt, läßt sich nichts mehr kitten, und die Beziehung hat ihren Kreislauf vollendet beziehungsweise ihre Schuldigkeit getan.

Langeweile

Es gibt auch andere Anzeichen dafür, daß sich eine Beziehung dem Ende zuneigt. Vielleicht sind Sie eines Tages beim Aufwachen maßlos deprimiert, fühlen sich von allem losgelöst und hadern mit Ihrem Schicksal. Möglicherweise sagen Sie sich dann: »Ich kann es mir selbst nicht erklären – aber das Leben erscheint mir nicht mehr lebenswert. Ich langweile mich zu Tode und bin entsetzlich deprimiert. Ich weiß wirklich nicht, was mit mir los ist. Eigentlich ist nichts passiert, mir erscheint nur alles so sinnlos, so grau und hoffnungslos.«

Wenn Sie sich so fühlen, hat sich Ihre Beziehung wahrscheinlich überlebt, sie schleppt sich nur noch saft- und kraftlos dahin. Der Dampf ist raus, es tut sich nichts mehr. Zwischen Ihnen und Ihrem Partner spielt sich nichts Entscheidendes mehr ab. Sie lieben sich nicht mehr, es verbindet Sie nicht mehr genug, und Sie können beide die Beziehung nicht mehr so gestalten, daß sie Ihnen etwas bringt.

Vielleicht entfernen Sie sich unmerklich mit kleinen Schritten ganz allmählich voneinander und leben irgendwann in verschiedenen Welten, ohne daß es Ihnen auffällt. Es kann natürlich auch vorkommen, daß irgend etwas Dramatisches geschieht, das Sie voneinander abbringt. Jedenfalls ist die Beziehung kein »Quell der Freude« mehr, ganz gleich, wodurch Sie sich entfremdet haben.

Mit dem langsamen Zerbröckeln einer Beziehung gehen Unentschlossenheit und Orientierungslosigkeit einher. Vielleicht fragen Sie sich, woher Sie wissen sollen, ob Ihre *Beziehung* sie so langweilt. Manchmal ist das Leben eben langweilig, und auch Menschen, die glücklich miteinander sind, wachen manchmal lustlos und gelangweilt auf, wissen nichts mit sich anzufangen und haben das Gefühl, daß das Leben ihnen nichts mehr zu bieten hat und sie nie wieder etwas Schönes oder Aufregendes erleben werden, was sie fesselt.

Es stimmt natürlich, daß Ruhelosigkeit, Ziellosigkeit und Langeweile nicht unbedingt symptomatisch für eine problembeladene Beziehung sind, und es ist auch nicht gesagt, daß die Beziehung zum Scheitern verurteilt ist, wenn man sich so fühlt. Das Leben ist tatsächlich manchmal langweilig und kann auch frustrierend sein, wenn man verliebt ist. Wenn Sie sich langweilen und das Leben – nicht aber Ihre Beziehung – als frustrierend empfinden, ist es jedoch im allgemeinen so, daß Sie diesen Gefühlen entfliehen und sich zu Ihrem Partner flüchten können. Die Beziehung wirkt tröstlich und ist Balsam für Ihre wunde Seele. Mit Ihrem Liebsten, Ihrem Mann, Ihrer Frau können Sie über Ihre frustrierende Arbeit sprechen, Sie können sich Ihren ganzen Ärger von der Seele reden, ob es nun um die Kinder geht oder Schikanen, denen Sie sich nicht gewachsen fühlen.

Wenn die Beziehung jedoch nicht mehr intakt ist, wenden Sie sich von ihrem Partner ab. Dann stellen Sie fest, daß alles Positive aus anderen Quellen kommt, daß Ihnen nur von anderer Seite Hilfe zuteil wird. »Plötzlich hat mich alles an ihm gelangweilt«, erzählte mir eine meiner Patientinnen. »Mir fällt partout nichts ein, was mich an ihm noch erregt oder gefesselt hätte.«

Irgendwann muß man sich ernsthaft fragen, ob einen die Beziehung langweilt oder das Leben im allgemeinen. Es gilt der Langeweile auf den Grund zu gehen und sich zu überlegen: »Langweilt mich mein Beruf? Nein, ich fühle mich eigentlich sehr wohl, wenn ich am Schreibtisch sitze. Erst wenn ich nach Hause komme, fühle ich mich elend. Ich freue mich nicht auf das Nachhausekommen, denn ich verspreche mir nichts mehr davon. Ich hole mir ein Bier und lese Zeitung. Ich esse zu Abend und sehe fern. Ich sitze nur so da und blättere in Zeitschriften herum, aber nichts macht mir wirklich Spaß, nichts weckt mein Interesse. Ich gehe dem Menschen aus dem Weg, von dem ich eigentlich dachte, daß ich ihn liebe, denn ich kann ihn nicht mehr als Gewinn betrachten.«

Es ist überaus wichtig, auch alle äußeren Faktoren abzuwägen, denn man macht es sich zu einfach, wenn man voraussetzt, daß es ausschließlich an der Beziehung und damit am Partner liegt, falls wir das Gefühl haben, daß alles schiefgelaufen ist, und wir vom Leben enttäuscht sind. Ist das, was in Ihnen vorgeht, auf irgendwelche Schwierigkeiten oder Veränderungen zurückzuführen, die nichts mit Ihrem Liebesleben und Ihrer Beziehung zu tun haben, oder fühlen Sie sich so schlecht, weil Ihre Beziehung in eine ausweglose Sackgasse geraten ist? Wenn Ihre emotionale Richter-Skala sonst nichts anzeigt, ist Ihre Beziehung wohl doch in Auflösung begriffen.

Manchmal naht das Ende ganz allmählich, wie ferne Gewitterwolken, die sich am Horizont auftürmen. »Es kam dahin, daß ich mir jeden Morgen beim Aufwachen sagte: ›Ach Gott, schon wieder so ein Tag wie jeder andere‹«, erzählte mir eine Patientin. »Dabei ist nicht einmal was Schreckliches geschehen. Es passierte einfach *gar nichts.*«

»Wir haben uns nicht gestritten und hatten auch keine Geldsorgen. Im Bett klappte es noch ganz leidlich, wenn es auch nicht mehr besonders aufregend war. Wir hatten ein schönes Haus, und es war abbezahlt. Unsere Kinder machten sich auch in der Schule gut, und trotz allem habe ich mich ständig gefragt: ›Ist das wirklich schon alles?‹

Mich hat der Gedanke deprimiert, daß es bis in alle Ewigkeit so weitergehen würde, daß sich nie etwas ändern würde, und schließlich mußte ich mir eingestehen, daß sich meine Ehe totgelaufen hatte, und zwar schon seit langem. Doch selbst dann noch fragte ich mich immer wieder, ob es denn auch wirklich an meiner Ehe liegt«, fuhr diese Frau fort. »Also habe ich auch alles andere und jeden Menschen, der zu meinem Leben gehörte, daraufhin unter die Lupe genommen, bis ich mir endgültig sagen mußte, daß Phil und ich nichts mehr gemeinsam hatten. Da wußte ich, daß das Ende abzusehen war, daß es keinen Zweck mehr hatte. Ich wußte zwar noch nicht, wie das vor sich gehen oder was der Auslöser sein würde, doch mir war sonnenklar, daß unsere Beziehung unhaltbar geworden war.«

Diese Geschichte zeigt, daß man unterscheiden muß, ob man sich wirklich langweilt, oder ob die Dinge ihre Faszination eingebüßt haben, weil sie einem vertraut sind. Wenn wir uns verlieben, empfinden wir alles als neu und aufregend. Die ganze Beziehung erscheint uns erregend, und wir haben einen ungeheuren sexuellen Appetit. Wir erwarten uns sehr viel von der Beziehung, doch mit der Zeit gewöhnt man sich an alles, und der Reiz des Neuen ist dahin. Deshalb gilt es festzustellen, ob das Ausbleiben der Erregung nur besagt, daß die Beziehung jetzt in ruhigeren Bahnen verläuft, aber trotzdem intakt ist, oder ob man sich unsterblich langweilt.

Langeweile hat mit Vertrautheit nichts zu tun. Es ist ein Unterschied wie zwischen einem bequemen alten Schuh und einem abgelaufenen Schuh, in dem einem die Füße wehtun. Verläuft eine Beziehung in ruhigeren Bahnen, ist aber trotzdem noch lebendig, kann man nicht von Langeweile sprechen. Man empfindet sie als geruhsam, fühlt sich aber sicher und geborgen, und alles ist einem angenehm vertraut. Das Zusammenleben mit dem Partner macht einen glücklich. Beim Partner stößt man auf Verständnis, bei ihm kann man sich immer sagen: »Ich weiß, daß ich mit ihm darüber sprechen kann.« Oder: »Sie versteht das.« Wenn einen der Partner nicht mehr interessiert und man sich nichts mehr zu sagen hat, langweilt man sich miteinander.

Gefühlsmäßige Entfremdung

In den Augen der meisten Menschen zeichnet sich die Loslösung voneinander vor allem dadurch ab, daß man sich miteinander langweilt, weil man sich nichts mehr zu sagen hat. Das wird besonders deutlich, wenn man vergebens versucht, den Menschen zu erreichen, mit dem man liiert ist, wenn man sich mit ihm unterhalten möchte und das zu rein gar nichts führt, oder wenn von seiten des Partners nur eine negative Reaktion erfolgt. Wird man in einer so verfahrenen Situation mit dem Partner intim, trennen einen Welten, weil die Verbindung längst abgerissen ist. Der Geschlechtsverkehr löst nicht einmal mehr ungute Gefühle in einem aus, weil die Entfremdung bereits solche Ausmaße angenommen hat, daß sie schon nicht mehr schmerzt. Man hat auch nicht mehr das Gefühl, die Nähe des Partners wirklich zu suchen. Das hätte ohnehin keinen Sinn, denn der Partner hat sich abgewandt und in sich selbst zurückgezogen.

Das meinen die Leute, die sagen, daß keine Verständigung mehr möglich ist. Die verbale Verständigung ist eine der wichtigsten Voraussetzungen für eine enge, gefühlsmäßige Verbundenheit. Es kommt sehr darauf an, wie wir miteinander reden, wieviel wir dabei von uns preisgeben und welche Geisteshaltung unseren Worten zugrunde liegt. Ist eine Verständigung nicht mehr möglich, kommt es zur Entfremdung, und das Ende ist schon abzusehen. Das betrifft nicht nur die verbale Verständigung, sondern auch die sexuelle, die emotionelle, die milieubedingte und die durch die Umstände bedingte Verständigung.

Zu einer gefühlsmäßigen Entfremdung kommt es, wenn man sich – bewußt oder unbewußt, aus was für Gründen auch immer – von der Beziehung distanziert hat; wenn man sich gefühlsmäßig nicht mehr engagiert, sondern den Emotionen anderweitig freien Lauf läßt. Es ist, als hätte man Geld, das man aber nicht im Laden des Partners ausgibt, sondern anderswo. Das wahre Leben spielt sich woanders ab, seit einem die Beziehung nicht mehr so wichtig ist. Der Beruf geht vor und auch die Zeit, die man ganz für sich hat, vielleicht auch noch die Kirche, der Kegel-Club und ein paar besonders gute Freunde. Auf der tiefsten Bewußtseinsebene hat man sich vorgenommen, den Kontakt zum Partner einzuschränken.

»Eines Tages fiel mir auf, daß ich schon seit Jahren nichts Wichtiges mehr mit ihm besprochen hatte«, sagte June. »Irgendwann hatte das einfach aufgehört, ohne daß es mir bewußt war. Mir wurde klar, daß ich mich so geändert hatte, daß er mich nicht mehr kannte. Ich war ein völlig anderer Mensch geworden – für ihn eine völlig Fremde.«

Als wir gemeinsam versuchten, nachzuvollziehen, was geschehen war, fiel June ein, daß sie vor Jahren *doch* etwas sehr Wichtiges mit ihrem Mann hatte besprechen wollen. Da hatte sie ihm nämlich eröffnet, daß sie ihr Studium wiederaufnehmen und ihr Abschlußexamen in Unternehmensführung machen wolle. Er hatte dazu lediglich gesagt: »Du mit deinen hirnrissigen Plänen. Für sowas hast du keine Zeit.«

Mit dieser abfälligen Bemerkung hatte er die Wende eingeleitet. Von diesem Augenblick an hatte sie sich zurückgezogen, so daß er keinen Zugang mehr zu ihr gefunden hatte, doch daran lag ihm ja offensichtlich nichts. Sie schrieb sich nicht gleich für das Hauptseminar ein, sondern belegte zunächst einmal die Vorbereitungskurse, ohne ihrem Mann das mitzuteilen. Dieses Desinteresse an allem, was sie tat, führte zur zweiten Phase ihres emotionellen Rückzugs. »Wo warst du?« erkundigte er sich manchmal lustlos. Wenn sie dann antwortete: »In einem Kurs«, zeigte er keinerlei Reaktion. Aufgrund dieser Gleichgültigkeit hatte sich June natürlich noch weiter von ihrem Mann entfernt. »Mir wurde klar, daß es ihn überhaupt nicht interessierte, was ich mir vorgenommen hatte. Ich führte sozusagen ein Doppelleben, denn von den Kursen erfuhr er nie etwas. Ich teilte mein Leben nicht mehr mit ihm, und wir sprachen nur noch über langweilige, höchst triviale Dinge. Dabei kann ich mir nicht einmal erklären, warum es mich so schrecklich mitgenommen hat, daß er meine Berufspläne als hirnrissig bezeichnet hat. Das war jedoch ein heilsamer Schock für mich.«

Tony, ein Geschäftsmann in mittleren Jahren, hat etwas Ähnliches erlebt. »Als ich begriff, daß sie nicht bereit war, an meiner Seite zu kämpfen, habe ich mich innerlich zurückgezogen«, berichtete er. »Sie wollte nur in den Genuß der Privilegien kommen. Sie wollte einen reichen Mann, ein großes Haus und noble Wagen. Die Uhr von Cartier und die Europareisen kamen ihr sehr gelegen, aber als wir ganz unten anfingen und sehr zu kämpfen hatten, wollte sie damit nichts zu schaffen haben.

Ich hatte geschäftlich eine großartige Idee, und eine ganze Reihe völlig Fremder hat mich darin unterstützt, doch sie hat nichts davon gehalten und das nur mit einer verächtlichen Handbewegung abgetan. Also habe ich meinen Plan ohne ihr Wissen ganz allein in die Tat umgesetzt. Ich habe nicht aufgegeben, ihr aber kein Wort davon gesagt. Dieser Teil meines Lebens hatte in meinen Augen mit unserer Ehe gar nichts mehr zu tun.«

»Ein Jahr später ließen wir uns scheiden«, schloß er. »Ich hatte schon eine ganze Reihe von Investoren an der Hand und konnte mit der Produktion beginnen. Da fragte sie mich beiläufig: ›Ach, was ist übrigens aus deinem Plan geworden? Hast du ihn weiterverfolgt?‹ In den letzten anderthalb Jahren unserer Ehe hatten wir dermaßen aneinander vorbeigelebt, daß sie nicht einmal ahnungsweise wußte, was ich tat und was in mir vorging.«

Bei manchen Paaren kann nicht einmal die Rede davon sein, daß sie sich auseinandergelebt haben oder daß eine Entfremdung eingetreten ist. Bei ihnen kann man allenfalls von einem Status quo sprechen, vom ›Brachliegen‹ und ›Erlöschen‹ einer kaum nennenswerten emotionalen Bindung. Nan und Rob erschienen zur Beratung bei mir, doch wir konnten eigentlich nur gemeinsam den Schlußstrich unter eine Ehe ziehen, die zwölf Jahre gedauert hatte. Fast hatte ich den Eindruck, als hätte ich die Ehepartner erst miteinander bekannt gemacht. Zwölf Jahre hatten sie nebeneinander hergelebt. Ihre Ehe war eine Verpackung ohne Inhalt. Als Rob beruflich versetzt werden sollte, waren sie ins Gespräch gekommen. Daraufhin erschienen sie dann zur Beratung und erkannten erstmals, daß sie überhaupt nicht zueinander paßten. Als wir ihre Ehe gemeinsam unter die Lupe nahmen, konnten sie sich gar nicht mehr erklären, warum sie überhaupt geheiratet hatten. Da hatten sie nun zwölf Jahre unter dem gleichen Dach gelebt, ohne daß sie irgend etwas verband. All die Jahre waren sie gefühlsmäßig auf Distanz gewesen, das war bezeichnend für ihre Beziehung, und als die Wirklichkeit sie einholte und sie ihre wahren Gefühle offenbaren mußten, hatten sie festgestellt, daß es keine gemeinsame Basis gab.
Rob war ein großartiger Organisator, ein Intellektueller und Perfektionist. Er wollte um jeden Preis den Überblick behalten. Nan dagegen ähnelte mehr einem Schmetterling. Sie legte sich nur ungern fest, entschied sich lieber ganz spontan und änderte ihre Meinung von einem Augenblick zum andern. Sie tat, was immer ihr gerade einfiel, doch nur, solange es sie fesselte.
Am Tag der Abrechnung stellten sie fest, daß ihnen die Wertvorstellungen des Partners nicht behagten, und noch weniger das, was sich daraus ergab. »Du findest also *wirklich,*

daß die Kinder nicht zu lernen brauchen, ihre Betten selbst zu machen?« fauchte Rob. »Du willst *tatsächlich* ein Drittel unserer Einkünfte auf die hohe Kante legen?« ereiferte sich Nan. In der Therapie gelangten sie dann zu der Einsicht, daß hier eine Unvereinbarkeit der Charaktere vorlag und rangen sich zur Scheidung durch, die sie ebenso unberührt ließ wie ihre Ehe.

Eine so tiefe gefühlsmäßige Distanzierung beziehungsweise Entfremdung weist oft darauf hin, daß eine Beziehung unhaltbar geworden ist und daß es kein Zurück mehr gibt. Beide Partner haben sich unbewußt schon ihre eigene Lebenssphäre geschaffen, wie sie ihren Wertvorstellungen entspricht. Von Gemeinsamkeiten ist keine Rede mehr. Es ist keine gemeinsame Basis mehr vorhanden, die ihren Bedürfnissen gerecht werden könnte.

Es ist oft sehr schmerzlich, sich einzugestehen, daß sich die Beziehung in der Endphase befindet. Oft ist das für die Betroffenen der gleiche Schock wie bei einer Todesnachricht. »Plötzlich war er nicht mehr da.« »Sie war plötzlich weg.« Man hat das Gefühl, einen schweren Verlust erlitten zu haben. Es ist, als sei einem jemand entrissen worden, mit dem man bis an sein Lebensende zusammenbleiben wollte.

Ortsveränderungen

Viele Beziehungen, die sich bereits überlebt haben, siechen erst richtig dahin oder gehen völlig in die Brüche, wenn es zu Ortsveränderungen kommt. Normalerweise spielen sich Beziehungen immer im gleichen häuslichen Bereich ab, wodurch sich ein gewisser Zusammenhalt ergibt und eine gewisse Stabilität garantiert ist.

Wenn die Beziehung aber ohnehin nur noch Fassade ist, kann sich durch einen Umzug oder durch ein anderes Milieu herausstellen, daß sich alle wichtigen Verankerungen bereits losgerissen haben, daß die Beziehung praktisch nur noch von dem Haus, der Gegend und der Stadt zusammengehalten wird. Oft sagen die Leute: »Wir haben uns unser Traumhaus gebaut und uns scheiden lassen.« Oder: »Nachdem wir aus der Wohnung ausgezogen waren, hat sich gezeigt, daß unsere Beziehung nicht mehr zu retten war.« Oder auch: »Wir zogen nach Ohio, und von da an stimmte es zwischen uns nicht mehr.«

Die Leute konstatieren das immer ganz verwundert, als könnten sie sich das nicht so recht erklären – als wollten sie sich einreden: »Na ja, irgendwas ist vorgefallen, aber genaugenommen ist ja nichts passiert. Oder etwa doch? Lieber Himmel, ich fürchte doch.« Sie erzählen mir zwar so davon, als hätten sie es die ganze Zeit gewußt, doch es gibt keinen Zweifel, daß sie sich nicht klargemacht haben, wie stark sich ein Umzug – womöglich auch noch in eine andere Stadt – auf ihre Beziehung ausgewirkt hat und daß diese dadurch endgültig ins Wanken geraten ist.

Solche drastischen Veränderungen der äußeren Lebensumstände sind an und für sich noch keine Vorboten der Katastrophe, doch sie bewirken immerhin, daß man Bilanz zieht. Diese Veränderungen führen oft zu Krisen, denen nicht mehr beizukommen ist. In solchen Übergangszeiten treten unüberbrückbare Differenzen, die man schon lange mit sich herumgeschleppt hat, endlich offen zutage.

Bob und Jane handelten sich diese Krise zum Beispiel mit ihrem Umzug nach Kalifornien ein. Bob hatte sein Studium im Osten abgeschlossen, und im Anschluß daran einigten sie sich auf einen Neubeginn. Voller Hoffnung hatten sie sich auf den Weg quer durch das Land gemacht. Sie

kauften ein Haus und richteten es so ein, wie sie sich ihr Traumhaus vorstellten. Doch das Traumhaus wurde bald zu einem Horror, denn alle Konflikte, die während Bobs Studienjahren verdrängt worden waren, brachen sich jetzt gewaltsam Bahn.
Bob hatte an ihrem Sexualleben schon immer sehr viel zu bemängeln gehabt und hatte sich frustriert mit einer Jüngeren eingelassen. Jane hatte es schon immer mißfallen, wie Bob sich als Vater verhielt. Nun hatte er sein Studium abgeschlossen, und Jane fand, er müsse sich nun ganz der Familie widmen. Ein halbes Jahr nach ihrer Ankunft in Kalifornien steckten sie in einer so schlimmen Ehekrise, daß sie sich ein Jahr später scheiden ließen.
Bei Pam und Bill verlief die Sache umgekehrt. Sie kehrten in die Stadt zurück, in der Pam aufgewachsen war. Durch alles wurde sie daran erinnert, was sie vor der Ehe für ein Mensch gewesen war. Sie formulierte das folgendermaßen: »Bei meiner Rückkehr in die vertraute Umgebung fiel mir wieder ein, daß ich einmal nicht nur Mrs. Soundso gewesen war. Ich erinnerte mich meiner selbst und stellte fest, daß ich neben Bill jahrelang nicht ich selbst gewesen war. Da erschien mir meine Ehe plötzlich sinnlos.«
Durch den Streß, den so ein Umzug mit sich bringt, tritt all das zutage, was in der Beziehung ohnehin nicht intakt war. Es ist überaus heilsam, sich bei dieser Gelegenheit den Mankos und Mißliebigkeiten stellen zu müssen. Wenn die Beziehung noch lebensfähig ist und nur ein wenig entstaubt zu werden braucht, kann es dadurch nur besser werden, daß man einmal Bilanz zieht, oder man geht in der Beziehung zum nächsten Kapitel über. Vielleicht muß man sich aber auch eingestehen, daß sich die Beziehung überlebt hat, daß einem gar nichts anderes übrigbleibt, als sich

zu trennen. Möglicherweise ist die Beziehung schon längst tot, ohne daß man sich dessen bewußt war.
Darauf möchte ich besonders hinweisen. Wenn die Menschen nämlich ein ungutes Gefühl beschleicht, wenn sie in die entgegengesetzte Ecke des Landes oder auch nur in ein anderes Haus oder in eine andere Gegend ziehen sollen, ist das oft ein Hinweis darauf, daß ihre Beziehung zum Scheitern verurteilt ist.

Fremdgehen

Das Fremdgehen ist natürlich ein geradezu klassischer Hinweis darauf, daß mit der Beziehung etwas nicht in Ordnung ist. In jeder Beziehung hat das Sexualleben etwas sehr Verbindendes. Für die meisten Menschen ist es das, was eine echte Liebesbeziehung von einer Freundschaft unterscheidet oder auch von einer bloßen Liebelei. Im allgemeinen sind wir uns darin einig, daß das sexuelle Zusammengehörigkeitsgefühl einer der wichtigsten Aspekte der Beziehung ist. Wer fremdgeht, mißbraucht daher das Vertrauen seines Partners und unterminiert die Beziehung. Wer in einer festen Beziehung den Lebensgefährten betrügt, treibt einen Keil zwischen sich und den Partner, denn wer fremdgeht, bekundet damit sein Desinteresse, und das Einzigartige der festen Beziehung geht verloren. So ein Betrug gereicht der Beziehung also sehr zum Nachteil. Natürlich weiß das jeder, zumindest unbewußt. Wer aus einer Beziehung ausbrechen möchte und nicht so recht weiß, wie er das anstellen soll, läßt sich daher manchmal mit einem anderen Partner ein, um seine wahre Absicht durch die Affäre kundzutun. Vielleicht ist die Absicht auch noch nicht so klar umrissen, sondern reichlich verschwommen, oder derjenige, der die

Trennung wünscht, fürchtet sich davor, dem Partner das so einfach ins Gesicht zu sagen.

»Wenn ich so daran zurückdenke, weiß ich wirklich nicht, warum ich mich mit Cindy eingelassen habe«, sagte Dave. »Sie ist nicht einmal mein Typ. Obwohl sie nicht *viel auf der Mühle hatte,* fühlte ich mich unwiderstehlich zu ihr hingezogen. Als Sue dahinterkam, wußte ich nicht, wie ich mich verteidigen sollte. Mir wurde zu meinem Entsetzen klar, daß ich Mittel und Wege gesucht hatte, einen Schlußstrich unter meine Beziehung mit Sue zu ziehen. Also habe ich etwas mit einem Mädchen angefangen, das nur halb so alt war wie ich. Sie hat mich überhaupt nicht interessiert. Ich wollte nur, daß Sue dahinterkam, damit ich ihr endlich sagen konnte, daß ich mich von ihr scheiden lassen wollte. Richtig hinterwäldlerisch, finden Sie nicht auch? Aber ich wußte einfach nicht, wie ich es ihr sonst hätte beibringen sollen. Im Grunde genommen habe ich es nicht absichtlich getan, aber wenn ich es mir recht überlege, hat doch eine Absicht dahintergesteckt.«

»Das war nicht etwa das erste Mal, daß ich fremdgegangen bin«, erzählte Lee Ann. Sie sprach von einer Affäre, die sich lange hingezogen hatte und an der ihre Ehe schließlich zerbrochen war. »Ich hatte mich auch vorher schon einmal mit einem anderen Mann eingelassen, mit einem richtigen Herzensbrecher. Das liegt jetzt sieben Jahre zurück. Auch damals lief es zwischen meinem Mann und mir schon nicht mehr so gut. Wir waren zwar bei einer Eheberatung, aber das hat nicht viel genutzt. Ich hatte, offen gesagt, Angst davor, mich scheiden zu lassen. Die Kinder waren noch klein, und ich wußte nicht, wie ich allein zurechtkommen sollte. Also bin ich fremdgegangen, und es war wunderschön. Als mein Geliebter wegzog, in eine andere Stadt, war ich todunglücklich. Zu dieser Zeit war mir selbst meine miserable

Ehe ein richtiger Trost, und ich nahm mir fest vor, mich nie wieder mit einem anderen Mann einzulassen.
Doch dann erschien Ed auf der Bildfläche. Mein Entschluß war sofort vergessen, und ich verfiel ihm mit Haut und Haaren. Es ging uns vor allem um den Sex, an eine gemeinsame Zukunft mit Ed habe ich nie gedacht. Eines Tages sagte ich mir: ›Wenn Larry irgendwann dahinterkommt, verliere ich ihn *und* Ed.‹
Genau das ist dann auch geschehen. Trotzdem wunderte ich mich, daß genau das eingetroffen war, was ich befürchtet hatte. Inzwischen ist mir natürlich klar, daß ich ertappt werden wollte. Als Larry mir auf die Schliche kam, war ich regelrecht erleichtert.
Mit Eds Hilfe brach ich aus meiner Ehe aus. Sobald Larry merkte, daß ich ihn betrog, erlosch mein Interesse an Ed. Der wahre Grund, aus dem ich mich mit ihm eingelassen hatte, wurde mir bewußt und war mir noch hinterher peinlich. Er war für mich lediglich Mittel zum Zweck gewesen. Auf unser Verhältnis hin ist es zur Scheidung gekommen.«
Zahlreiche oder wiederholte Affären weisen für gewöhnlich auf eine grundsätzliche Unvereinbarkeit der Charaktere hin. »Ich hatte tausend Affären«, wußte Tom zu berichten. Natürlich übertrieb er maßlos. »Ich habe öfter mit Fremden geschlafen als je mit meiner Frau. Unsere Ehe war von Anfang an zum Scheitern verurteilt. Es war eine Vernunftehe, dann kamen die Kinder, und dann fiel der Vorhang. Für mich gab es kein Entkommen, ich saß in der Falle.
Anfangs habe ich ja versucht, ihr treu zu sein, aber es ging einfach nicht. Wir haben wirklich in keiner Hinsicht zusammengepaßt. Meine Frau war vom Ehrgeiz zerfressen, ich dagegen bin eher ein unbeschwerter Typ. Ich könnte nicht mal sagen, warum wir überhaupt geheira-

tet haben. Ich nehme an, weil es so üblich war. Wir hatten beide die High-School gerade hinter uns. Sie war das hübscheste Mädchen weit und breit. Da ist uns wohl nichts anderes eingefallen. Unsere Eltern waren auch dafür. Sie dachten, wenn wir verheiratet sind, amüsieren wir uns nicht anderweitig.
Schließlich habe ich mich mit einem ganz entzückenden jungen Mädchen eingelassen. Sie hat sich ernsthaft in mich verliebt, und ich habe ihr regelrecht das Herz gebrochen. Da hatte ich schreckliche Gewissensbisse. Ich bin zur Besinnung gekommen und habe mir gesagt: ›Du führst keine Ehe, du benutzt die Leute nur, weil du zu feige bist, dein Leben in die Hand zu nehmen und wirklich etwas daraus zu machen.‹ Noch am gleichen Abend habe ich meiner Frau alles gestanden und ihr gesagt, daß ich mich scheiden lassen will. Stellen Sie sich vor, das war nach all den Jahren unser erstes ernsthaftes Gespräch.«
Eine durch häufige Affären unterminierte Ehe verdient die Bezeichnung ›Ehe‹ nicht, denn von einer echten Liebesbeziehung kann da keine Rede sein. Es handelt sich vielmehr um ein eher lockeres Arrangement, und die Beziehung hat nur eine Überlebenschance, wenn beide Partner mit diesem Modus einverstanden sind. Wenn aber einem der Partner eine tiefere Beziehung mit einer engen emotionalen Bindung vorschwebt, besteht nur wenig Hoffnung darauf, weil seine Gefühle durch das Fremdgehen und Abdriften des anderen immer wieder verletzt worden sind.
So mancher läßt sich auf Affären ein, weil eine Verständigung mit dem Partner entweder gar nicht mehr oder nur noch unzureichend möglich ist. Oft ist auch derjenige, der fremdgeht, mit sich selbst nicht im reinen. Ich will damit sagen, daß viele Menschen erst erkennen, daß ihre Ehe in einer Krise steckt, wenn sie sich anderen Partnern zuwenden.

Durch die Affäre begreift derjenige, der fremdgeht, wie es in emotionaler Hinsicht um ihn (oder sie) steht. »Anscheinend fühle ich mich in meiner Ehe nicht mehr wohl und möchte mich scheiden lassen«, sagt er sich dann. Hätte man ihn oder sie noch am Tag vor der Affäre gefragt, ob er beziehungsweise sie glücklich verheiratet ist, hätte die Antwort garantiert gelautet: »Ja, natürlich. So glücklich wie andere Leute auch.«

Wenn sich in einer Ehe oder sonstigen festen Beziehung einer von beiden mit einem anderen Partner einläßt, deutet das für gewöhnlich darauf hin, daß die feste Beziehung angeknackst ist. Oder: »Mit einer offenen Ehe probt man schon die Scheidung«, wie sich eine meiner Patientinnen ausdrückte.

Wenn man aber selbst betrogen wird, ist es um den philosophischen Gleichmut schlecht bestellt, und man tut sich schwer damit, das als falsch verstandenen Verständigungsversuch anzuerkennen. Die Affären unseres Partners verwunden uns zutiefst und werfen ein denkbar schlechtes Licht auf den Charakter desjenigen, der uns solchen Kummer macht.

Wer seinen Partner betrügt, ist in der Tat selbstsüchtig, zügellos und kennt keine Rücksichtnahme. Viel schwerer wiegt jedoch die Tatsache, daß eine Affäre nicht nur etwas über den Charakter desjenigen aussagt, der seinen Partner betrügt. Sie sagt auch viel über die Beziehung aus, auf die sie sich unweigerlich auswirkt.

Beratung und Therapie

Ehe- und Beziehungskrisen führen oft dazu, daß sich die Betroffenen endlich therapieren lassen. Oft erscheinen die

gebeutelten Paare jedoch erst zu einem Zeitpunkt, wo sich schon nichts mehr machen läßt. Da läßt sich die Beziehung nicht mehr kitten. Die Partner können nur noch ganz bewußt und gewissenhaft Abschied voneinander nehmen.
Ich sage nur sehr ungern, daß das Aufsuchen einer Eheberatung oft auf eine hoffnungslos verfahrene Situation schließen läßt, doch im allgemeinen ist es wirklich so, daß die Leute erst zur Therapie erscheinen, wenn sie überfordert sind, weil sie ihre Probleme selbst nicht mehr lösen können. Im Idealfall läßt sich eine Beziehung durch eine Beratung wieder kitten oder der Heilungsprozeß wird zumindest eingeleitet, doch da die Leute meistens erst erscheinen, wenn schon nichts mehr zu retten ist, kann man dem Paar nur noch dabei helfen, einen Schlußstrich zu ziehen und die Trennung besser zu verkraften. Da so viele Menschen den Zeitpunkt versäumen, an dem man noch etwas hätte kitten können, kann man ihnen nur noch dabei behilflich sein, sich aus einer unhaltbaren Lage zu befreien. Ich finde, viel mehr Menschen sollten Gebrauch davon machen, sich unter Anleitung von Fachkräften aus einer Beziehung zu lösen, die keinen Sinn mehr hat. Weil sie sich sagen sollten: »Ich habe diesen Menschen geliebt und einen Teil meines Lebens mit ihm verbracht, einen sehr wichtigen Lebensabschnitt. Deshalb liegt mir viel daran, daß wir uns auf humane Weise trennen.«
Damit will ich keineswegs ausdrücken, daß die Leute nur zur Beratung kommen, wenn ihre Ehe schon ein Scherbenhaufen ist. Menschen mit Weitblick lassen sich therapieren, um Beziehungen wieder ganz ins Lot zu bringen, die an und für sich intakt sind, aber ein wenig aufgemöbelt werden müssen. Das ändert jedoch nichts an der Tatsache, daß viele Leute nur deshalb zur Beratung kommen, weil sich ih-

re Beziehung überlebt hat und sie nicht wissen, wie sie sich das gegenseitig klarmachen sollen.

Es kommt vor, daß Beziehungen scheitern und wir das partout nicht wahrhaben wollen. Mancher verschließt die Augen davor, obwohl er den Partner betrügt, sich jahrelang entsetzlich langweilt, emotionell förmlich ausgehungert ist oder sich von einem Umzug nie erholt hat. Wann immer der Verdacht aufkommt, daß von einer echten Bindung keine Rede mehr sein kann, liegt man damit meistens richtig. Der Abbruch einer Beziehung ist nämlich so schmerzhaft und unvorstellbar, daß man die Möglichkeit erst in Betracht zieht, wenn sie nicht mehr von der Hand zu weisen ist. Der bloße Gedanke an die Trennung setzt einem schon so zu, daß er erst ernsthaft aufkommt, wenn die Tatsachen für sich sprechen. Irgendwann gelangt man zu der markerschütternden Erkenntnis, daß es so nicht mehr weitergehen kann. Das blanke Entsetzen packt einen daraufhin. Dann muß man sich mit Hilfe einer Therapie oder aus eigener Kraft dem schmerzhaften Prozeß des Loslösens aus einer Beziehung stellen und die gesamte damit verbundene Gefühlsskala durchleben, bis die Trennung endgültig vollzogen ist.

Wenn Sie sich nach dem Lesen dieses Schlußteils sagen müssen, daß Ihre Beziehung in Auflösung begriffen ist, fangen Sie beim 1. Kapitel an, um sich über Ihre Beziehung klarzuwerden und in Erfahrung zu bringen, wie Sie die Trennung möglichst schonend überstehen.